I0022626

August Pleines

Hiat und Elision im Provenzalischen

August Pleines

Hiat und Elision im Provenzalischen

ISBN/EAN: 9783744737760

Hergestellt in Europa, USA, Kanada, Australien, Japan

Cover: Foto ©Thomas Meinert / pixelio.de

Weitere Bücher finden Sie auf **www.hansebooks.com**

Hiat und Elision im Provenzalischen.

INAUGURAL-DISSERTATION

zur

Erlangung der Doctorwürde

bei

hoher philosophischer Facultät zu Marburg

eingereicht von

A. Pfeines

aus Emden.

(Ausg. u. Abh. aus d. Geb. der roman. Philol.)

Marburg.

Universitäts-Buchdruckerei (R. Friedrich).

1885.

Herrn

Professor Dr. Edmund Stengel

in dankbarer Verehrung

gewidmet.

Einleitung.

Die Fragen, deren Untersuchung ich mir habe angelegen sein lassen, sind bis jetzt, speciell für das Provenzalische, nur wenig eingehend behandelt worden. Schon die Verfasser der Leys d'amors geben über unser Thema zwar viele Regeln, bemerken jedoch am Schluss in höchst naiver Weise, dass man alle diese Gesetze mit gutem Grund vernachlässigen dürfe, um einen guten Ausdruck nicht zu verlieren, »denn[1]) man müsse die Frucht der Schale vorziehen.«

Von weiteren Notizen über Hiat und Elision im provenzalischen müssen an erster Stelle diejenigen genannt werden, welche Diez auf einer der letzten Seiten seiner Grammatik der rom. Sprachen verzeichnet hat. Es konnten jene Beobachtungen bei der grossartigen Anlage dieser Grammatik freilich nur allgemeiner Natur sein, dennoch haben dieselben in mancher Beziehung das Richtige getroffen. Die von den Herausgebern einzelner Trobadors über Hiat und Elision gemachten Bemerkungen beziehen sich nur auf den speciellen Gebrauch der betreffenden Dichter und lassen auf eine nähere Untersuchung nicht schliessen. So führen sowohl v. Napolski (Ponz. d. C.) wie Stimming (Bert. d. B., J. Rud.) unter denjenigen Fällen von Hiat, deren Berechtigung nicht angezweifelt werden könne, Belege auf, wie *qui aura* (Ponz d. C. 24,30); — *qui a* (Bert. d. B. 1,6); *qui aten* (J. Rud. 4,13); ohne den Grund

---

1) Leys d'amors I. 28. Empero totz aquestz vicis de vocal denan vocal. els autres sobredits. tenem per escuratz del tot. can se fan perquom no laysshe bo mot. Quar may deu hom voler lo frug que l'escorsa . o cant per autra maniera adrechamen . o miels . o plus bel nos pot dire.

...zugeben weshalb dieses Pronomen Elision des auslautenden
...als nicht ertragen könne. Meiner Ansicht nach scheinen
...sich hierbei auf eine Notiz in den Leys d'amors zu stützen,
...welche sagt, dass die Regel, welche einen Vocal vor den andern
...setzen verbiete, nicht auf solche Worte angewandt werde,
...uns jeden Augenblick nötig seien, wie *qui, ni* u. *si*[1]). Jeden-
...bedaf es erst einer näheren Untersuchung über solche
... Hiat, bevor man ihre Zulässigkeit anerkennt.

... grösste Unklarheit bez. der Anwendung von Hiat und
...Präverzalischen zeigt die Specialausgabe der Werke
...Pere d. C. von M. v. Napolski. Es finden sich dort
... Fälle von Hiat, deren Zulässigkeit zweifelhaft sei,
...z. B. 13,29: *merce aissi*; 19,43: *merce es*;
...1,30: *merce esper*; 11,29: *core ab*; 20,4: *rete*
... die Gründe anzuführen, wesshalb
...Recht ihr auslautendes e vor vocali-

... nach einer von Paul Reimann ver-
...welche über die Declination
...in der Langue d'Oc bis zum
...dieser Untersuchung wird
...bei der Feststellung
...und es werden zu
...Ausgaben zur
...nur

... Zweck Hilfe ... aus Per...
... herauszuziehen. Da dem Verfass...
...chen konnte, das Vorkommen des Hiats in der
...lung Poesie zu constatiren, so beschränkt er ...
...ung auf eine kleine Auswahl von Belegen, ...
... den genannten Arbeiten benutzte ich noch folgend...

Del Gay Saber. Estier Dichas Las Leys D'Am...
on Gutien Arnoult, Paris u. Toulouse,

I. 24. De la dicha regla qu...
las estas dictios, qua...
e, ni. can la se...

2. Theodor Loos: Die Nominalflexion im Provenzalischen, Ausgaben und Abhandlungen aus dem Gebiet der Rom. Philologie, Heft XVI, herausg. von E. Stengel. Marburg.

3 Diez. Altromanische Sprachdenkmale, berichtigt und erklärt nebst einer Abhandlung über den epischen Vers. Bonn 1846.

4. Zum Boeci, Beitrag von Ed. Böhmer in seiner Zeitschrift Rom. Studien Bd. III p. 138 ff. Wichtig wegen der Erklärungen und der Besserungsvorschläge, welche Böhmer zum Boeth.-Fragment macht.

5. (P. M.) Paul Meyer. Recueil D'Anciens Textes, Bas-Latin, Provençaux et Français, 1ᵉ partie Bas-Latin — Provençal. Paris 1874. Es findet sich in dieser Sammlung das Boeth. Fragment abgedruckt.

6. (J. Rud) Stimming, der Troubadour Jaufre Rudel, Kiel 1873.

7. (P. O.) [Rochegude], Le Parnasse Occitanien.

8. (Rayn.) Choix des poesies originales des troubadours par M. Raynouard.

9. Lexique Roman ou dictionnaire de la langue des troubadours par M. Raynouard.

10. Bartsch: Chrestomathie Provençale 4ᵉᵐᵉ édition, Elberfeld 1880.

11. Romania I 226: Le Poëme De Boèce, revue sur le Manuscrit 1872.

Ausserdem war es mir durch die Freundlichkeit des Herrn Prof. Stengel möglich, bei der Untersuchung der Hiatfälle in den Gedichten des Trobadors Ponz d. C. behufs Revision der von M. v. Napolski im Anhang zusammengestellten Varianten die Copien der einzelnen Handschriften zu benutzen. Vom ihm wurde mir auch ein damals in Zetteln fertiggestelltes Glossar zum Ponz d. C. gütigst zur Verfügung gestellt.

Nachstehender Untersuchung sind folgende Texte zu Grunde gelegt worden ¹):

(Pons d. C.) v. Napolsky, Leben und Werke des Trobadors Ponz de Capduoill. Halle 1879.

(Bert. d. B.) Stimming, Bertran de Born, sein Leben und seine Werke, Halle 1879.

---

1) Auf eine Ausbeutung der gesammten provenz. Literatur musste ich schon deswegen verzichten, weil eine Sicherung der einzelnen Belege für die noch nicht kritisch bearbeiteten Texte unmöglich war, und durch massenhafte Anhäufung ungesicherter Fälle die Klarheit der Resultate nur getrübt worden wäre.

anzugeben weshalb dieses Pronomen Elision des auslautenden
Vocals nicht ertragen könne. Meiner Ansicht nach scheinen
sie sich hierbei auf eine Notiz in den Leys d'amors zu stützen,
welche sagt, dass die Regel, welche einen Vocal vor den andern
zu setzen verbiete, nicht auf solche Worte angewandt werde,
die uns jeden Augenblick nötig seien, wie *qui, ni* u. *si*[1]). Jedenfalls bedarf es erst einer näheren Untersuchung über solche
Fälle von Hiat, bevor man ihre Zulässigkeit anerkennt.

Die grösste Unklarheit bez. der Anwendung von Hiat und
Elision im Provenzalischen zeigt die Specialausgabe der Werke
des Trobadors Ponz d. C. von M. v. Napolski. Es finden sich dort
unter den Fällen von Hiat, deren Zulässigkeit zweifelhaft sei,
Belege verzeichnet, wie z. B. 13,29: *merce aissi*; 19,43: *merce es*;
19,49: *merce aten*; 19,50: *merce esper*; 11,29: *cove ab*; 20,4: *rete
em*; — Es ist nicht nötig, die Gründe anzuführen, wesshalb
alle diese Fälle mit vollem Recht ihr auslautendes *e* vor vocalischem Anlaut bewahren.

Schliesslich muss ich noch einer von Paul Reimann ver-
fasste Dissertation Erwähnung thun, welche über die Declination
der Substantiva und Adjectiv in der Langue d'Oc bis zum
Jahre 1300 handelt. Im Eingang dieser Untersuchung wird
nachgewiesen, dass der Hiat kein Kriterium bei der Feststellung
der Nominal-Flexion im Prov. bilden könne, nd es werden zu
dem Zweck Hiatfälle aus einzelnen Trobador-Ausgaben zur
Untersuchung herangezogen. Da dem Verfasser jedoch nur
daran liegen konnte, das Vorkommen des Hiats in der provenzalischen Poesie zu constatiren, so beschränkt er seine
Untersuchung auf eine kleine Auswahl von Belegen.

Aufser den genannten Arbeiten benutzte ich noch folgende
Werke:

1. Las Flors Del Gay Saber. Estier Dichas Las Leys D'Amors, heraus-
gegeben von Gatien Arnoult, Paris u. Toulouse.

_____ — .

1) Leys d'amors I. 24. De la dicha regla quom no meta vocal denan
vocul. ne son exceptadas estas dictios. quar tot jorn nos son necessarias.
sos usaber. qui. e. si. e. ni. can la seguens vocals es diversa.

2. Theodor Loos: Die Nominalflexion im Provenzalischen, Ausgaben und Abhandlungen aus dem Gebiet der Rom. Philologie, Heft XVI, herausg. von E. Stengel. Marburg.

3. Diez. Altromanische Sprachdenkmale, berichtigt und erklärt nebst einer Abhandlung über den epischen Vers. Bonn 1846.

4. Zum Boeci, Beitrag von Ed. Böhmer in seiner Zeitschrift Rom. Studien Bd. III p. 133 ff. Wichtig wegen der Erklärungen und der Besserungsvorschläge, welche Böhmer zum Boeth.-Fragment macht.

5. (P. M.) Paul Meyer. Recueil D'Anciens Textes, Bas-Latin, Provençaux et Français, 1e partie Bas-Latin — Provençal. Paris 1874. Es findet sich in dieser Sammlung das Boeth. Fragment abgedruckt.

6. (J. Rud.) Stimming, der Troubadour Jaufre Rudel, Kiel 1873.

7. (P. O.) (Rochegude), Le Parnasse Occitanien.

8. (Rayn.) Choix des poesies originales des troubadours par M. Raynouard.

9. Lexique Roman ou dictionnaire de la langue des troubadours par M. Raynouard.

10. Bartsch: Chrestomathie Provençale 4ième édition, Elberfeld 1880.

11. Romania I 226: Le Poëme De Boèce, revue sur le Manuscrit 1872.

Ausserdem war es mir durch die Freundlichkeit des Herrn Prof. Stengel möglich, bei der Untersuchung der Hiatfälle in den Gedichten des Trobadors Ponz d. C. behufs Revision der von M. v. Napolski im Anhang zusammengestellten Varianten die Copien der einzelnen Handschriften zu benutzen. Vom ihm wurde mir auch ein damals in Zetteln fertiggestelltes Glossar zum Ponz d. C. gütigst zur Verfügung gestellt.

Nachstehender Untersuchung sind folgende Texte zu Grunde gelegt worden [1]):

(Ponz d. C.) v. Napolsky, Leben und Werke des Trobadors Ponz de Capduoill. Halle 1879.

(Bert. d. B.) Stimming, Bertran de Born, sein Leben und seine Werke, Halle 1879.

———

1) Auf eine Ausbeutung der gesammten provenz. Literatur musste ich schon deswegen verzichten, weil eine Sicherung der einzelnen Belege für die noch kritisch bearbeiteten Texte unmöglich war, und durch massenhafte Anhäufung ungesicherter Fälle die Klarheit der Resultate nur getrübt worden wäre.

4

(P. Rog.) Appel, Das Leben und die Lieder des Trobadors Peire Rogier, Berlin 1882

(Boeth.) Boethius Fragment in (B. Chr.) Bartsch Chrestomathie provençale 4 ième éd. Elberfeld 1880 p. 1. ff.

(M. d. Mont.) Philippson, Der Mönch von Montaudon, Halle 1873.

(M. W.) Mahn, die Werke der Troubadours, IV. Bd. (Guir. Riq.) Guiraut Riquier I. Buch, Lieder p. 1—100.

Von diesen Werken haben die beiden zuerst erwähnten eine besonders eingehende Untersuchung erfahren.

Bei Anordnung der Arbeit ist zunächst geschieden worden zwischen den Fällen

I in denen ausschliesslich Elision des auslautenden unbetonten Vocals vor vocalischem Anlaut eintritt.

II in denen ausschliesslich der Hiat gewahrt wird.

III in denen sich ein schwankendes Verhalten zu Gunsten bald des Hiats bald der Elision beobachten lässt.

Innerhalb dieser drei Abtheilungen ist sodann nach den einzelnen Vocalen sowie nach den Wortklassen (Artikel Nomen Adjectiv etc.) wieder eine strenge Scheidung vorgenommen worden.

Ein alphabetischer Index der behandelten vocalisch auslautenden Wörter, wird die Übersicht erleichtern.

I. Elision.

Auslautender unbetonter Vocal wird durchgängig vor vocalischem Anlaut elidirt in folgenden Fällen:

Vocal *a*.

1] A. Article indéfini sing. fem. *una*.

Nur wenige Belege finden sich in den Texten

nom. P. Rog. 2,21: Ni qui m'o auze dire q'un'autra tan genta ие li niи mire; Guir. Riq.: Et un'autra el mal dous per menar; *obl.* P. Rog. 7,6: Per un'amor q'ieu ам e vuelh; 2,35: Que s'el n'avia un'aital; Guir. Riq. 59,5: Desotz un'ombreira; — **Negun**: Bert. d. B. 20,24: Negun' autra lei.

2] B. Pronom pers. conj. III fem. obl. *la*.

Ponz d. C. 23, 16: Tant l'am de cor lejal; 10,9: De bon cor l'am; 17,14: Qu'om l'am de cor; 23,34: Gardatz s'eu l'am ses tot cor; 14,23: Ailas quem val s'ieu l'am; 19,14: Fis la soplei, fis l'am; 16,18: On plus l'am finamen; 4,49: Lais qu'ieu no l'aus vezer; 3,20: Car ul partir l'auzi dir; 23,41: Vezer no l'aus; — Bert. d. B. 26,48: De cui m'es bel qu'ieu la рepti e l'apel de tracion; — Boeth. 1,14: Die que l'a pressa mija nonqua la te; — P. Rog. 3,39: Be nom qual que ja l'am eissetz; 3,36: Mas a celat l'am atretan; 7,42: A selh que l'esgard ab dreyt huelb. — M. d. Mont. 2,12: Mas per que ges no li prec ni l'enquier. — Guir. Riq. 9,23: Quar s'ieu l'am nom n'a forsat; 10,33: Nom vol suffrir qu'ieu l'am fis e suffrens; 23,18: Mais aim dimes qu'el plagues qu'ieu l'ames.

Eine scheinbare Abweichung findet sich in den Gedichten des Trobadors Ponz d. C.

3] Ponz d. C. 14,44.[1]): Ni plus la am es doncs dregs que m'en plaingna la am D I K] vos am A C M R ab.

---

1) Bei den Untersuchung der einzelnen Verse, in denen sich Hiat vorfindet, nehme ioh auf die Varianten nur in soweit Bezug, als sie eine Beseitigung des betreffenden Hiatfalls herbeiführen können.

anzugeben weshalb dieses Pronomen Elision des auslautenden
Vocals nicht ertragen könne. Meiner Ansicht nach scheinen
sie sich hierbei auf eine Notiz in den Leys d'amors zu stützen,
welche sagt, dass die Regel, welche einen Vocal vor den andern
zu setzen verbiete, nicht auf solche Worte angewandt werde,
die uns jeden Augenblick nötig seien, wie *qui, ni* u. *si*[1]). Jedenfalls bedarf es erst einer näheren Untersuchung über solche
Fälle von Hiat, bevor man ihre Zulässigkeit anerkennt.

Die grösste Unklarheit bez. der Anwendung von Hiat und
Elision im Provenzalischen zeigt die Specialausgabe der Werke
des Trobadors Ponz d. C. von M. v. Napolski. Es finden sich dort
unter den Fällen von Hiat, deren Zulässigkeit zweifelhaft sei.
Belege verzeichnet, wie z. B. 13,29: *merce aissi*; 19,43: *merce es*;
19,49: *merce aten*; 19,50: *merce esper*; 11,29: *cove ab*; 20,4: *rete*
em; — Es ist nicht nötig, die Gründe anzuführen, wesshalb
alle diese Fälle mit vollem Recht ihr auslautendes *e* vor vocalischem Anlaut bewahren.

Schliesslich muss ich noch einer von Paul Reimann ver-
fassten Dissertation Erwähnung thun, welche über die Declination
der Substantiva und Adjectiva in der Langue d'Oc bis zum
Jahre 1300 handelt. Im Eingang dieser Untersuchung wird
nachgewiesen, dass der Hiat kein Kriterium bei der Feststellung
der Nominal-Flexion im Prov. bilden könne, und es werden zu
dem Zweck Hiatfälle aus einzelnen Trobador-Ausgaben zur
Untersuchung herangezogen. Da dem Verfasser jedoch nur
daran liegen konnte, das Vorkommen des Hiats in der provenzalischen Poesie zu constatiren, so beschränkt er seine
Untersuchung auf eine kleine Auswahl von Belegen.

Ausser den genannten Arbeiten benutzte ich noch folgende
Werke:

1. Las Flors Del Gay Saber. Estier Dichas Las Leys D'Amors, heraus-
gegeben von Gatien Arnoult, Paris u. Toulouse.

---

1) Leys d'amors I. 24. De la dicha regla quom no meta vocal denan
vocal. ne son exceptadas estas dictios. quar tot jorn nos son necessarias.
aos assaber. *qui. e. si. e. ni.* can la seguens vocals es diversa.

2. Theodor Looe: Die Nominalflexion im Provenzalischen, Ausgaben
und Abhandlungen aus dem Gebiet der Rom. Philologie, Heft XVI,
herausg. von E. Stengel. Marburg.

3 Diez. Altromanische Sprachdenkmale, berichtigt und erklärt nebst
einer Abhandlung über den epischen Vers. Bonn 1846.

4. Zum Boeci, Beitrag von Ed. Böhmer in seiner Zeitschrift Rom.
Studien Bd. III p. 133 ff. Wichtig wegen der Erklärungen und
der Besserungsvorschläge, welche Böhmer zum Boeth.-Fragment
macht.

5. (P. M.) Paul Meyer. Recueil D'Anciens Textes, Bas-Latin, Provencaux et Français, 1re partie Bas-Latin — Provençal. Paris 1874.
Es findet sich in dieser Sammlung das Boeth. Fragment abgedruckt.

6. (J. Rud.) Stimming, der Troubadour Jaufre Rudel, Kiel 1873.

7. (P. O.) [Rochegude], Le Parnasse Occitanien.

8. (Rayn.) Choix des poesies originales des troubadours par M. Raynouard.

9. Lexique Roman ou dictionnaire de la langue des troubadours par
M. Raynouard.

10. Bartsch: Chrestomathie Provençale 4ième édition, Elberfeld 1880.

11. Romania I 226: Le Poëme De Boèce, revue sur le Manuscrit 1872.

Ausserdem war es mir durch die Freundlichkeit des Herrn
Prof. Stengel möglich, bei der Untersuchung der Hiatfälle in
den Gedichten des Trobadors Ponz d. C. behufs Revision der
von M. v. Napolski im Anhang zusammengestellten Varianten die
Copien der einzelnen Handschriften zu benutzen. Vom ihm
wurde mir auch ein damals in Zetteln fertiggestelltes Glossar
zum Ponz d. C. gütigst zur Verfügung gestellt.

Nachstehender Untersuchung sind folgende Texte zu Grunde
gelegt worden [1]:

(Ponz d. C.) v. Napolsky, Leben und Werke des Trobadors Ponz de
Capduoill. Halle 1879.

(Bert. d. B.) Stimming, Bertran de Born, sein Leben und seine Werke,
Halle 1879.

[1] Auf eine Ausbeutung der gesammten provenz. Literatur musste
ich schon deswegen verzichten, weil eine Sicherung der einzelnen Belege
für die noch nicht kritisch bearbeiteten Texte unmöglich war, und durch
massenhafte Anhäufung ungesicherter Fälle die Klarheit der Resultate
nur getrübt worden wäre.

anzugeben weshalb dieses Pronomen Elision des auslautenden
Vocals nicht ertragen könne. Meiner Ansicht nach scheinen
sie sich hierbei auf eine Notiz in den Leys d'amors zu stützen,
welche sagt, dass die Regel, welche einen Vocal vor den andern
zu setzen verbiete, nicht auf solche Worte angewandt werde,
die uns jeden Augenblick nötig seien, wie *qui, ni* u. *si*[1]). Jedenfalls bedarf es erst einer näheren Untersuchung über solche
Fälle von Hiat, bevor man ihre Zulässigkeit anerkennt.

Die grösste Unklarheit bez. der Anwendung von Hiat und
Elision im Provenzalischen zeigt die Specialausgabe der Werke
des Trobadors Ponz d. C. von M. v. Napolski. Es finden sich dort
unter den Fällen von Hiat, deren Zulässigkeit zweifelhaft sei,
Belege verzeichnet, wie z. B. 13,29: *merce aissi*; 19,43: *merce es*;
19,49: *merce aten*; 19,50: *merce esper*; 11,29: *coce ab*; 20,4: *rete
em*; — Es ist nicht nötig, die Gründe anzuführen, wesshalb
alle diese Fälle mit vollem Recht ihr auslautendes *e* vor vocalischem Anlaut bewahren.

Schliesslich muss ich noch einer von Paul Reimann ver-
fassten Dissertation Erwähnung thun, welche über die Declination
der Substantiva und Adjectiva in der Langue d'Oc bis zum
Jahre 1300 handelt. Im Eingang dieser Untersuchung wird
nachgewiesen, dass der Hiat kein Kriterium bei der Feststellung
der Nominal-Flexion im Prov. bilden könne, und es werden zu
dem Zweck Hiatfälle aus einzelnen Trobador-Ausgaben zur
Untersuchung herangezogen. Da dem Verfasser jedoch nur
daran liegen konnte, das Vorkommen des Hiats in der provenzalischen Poesie zu constatiren, so beschränkt er seine
Untersuchung auf eine kleine Auswahl von Belegen.

Ausser den genannten Arbeiten benutzte ich noch folgende
Werke:

1. *Las Flors Del Gay Saber. Estier Dichas Las Leys D'Amors*, heraus-
gegeben von Gatien Arnoult, Paris u. Toulouse.

---

1) Leys d'amors I. 24. De la dicha regla quom no meta vocal denan
vocal. ne son exceptadas estas dictios. quar tot jorn nos son necessarias.
soe maanber. *qui. e. si. e. ni.* can la segueus vocals es diversa.

2. Theodor Loos: Die Nominalflexion im Provenzalischen, Ausgaben und Abhandlungen aus dem Gebiet der Rom. Philologie, Heft XVI, herausg. von E. Stengel. Marburg.

3 Diez. Altromanische Sprachdenkmale, berichtigt und erklärt nebst einer Abhandlung über den epischen Vers. Bonn 1846.

4. Zum Bocci, Beitrag von Ed. Böhmer in seiner Zeitschrift Rom. Studien Bd. III p. 133 ff. Wichtig wegen der Erklärungen und der Besserungsvorschläge, welche Böhmer zum Boeth.-Fragment macht

5. (P. M.) Paul Meyer. Recueil D'Anciens Textes, Bas-Latin, Provencaux et Français, 1re partie Bas-Latin — Provençal. Paris 1874. Es findet sich in dieser Sammlung das Boeth. Fragment abgedruckt.

6. (J. Rud.) Stimming, der Troubadour Jaufre Rudel, Kiel 1873.

7. (P. O.) [Rochegnde], Le Parnasse Occitanien.

8. (Rayn.) Choix des poesies originales des troubadours par M. Raynouard.

9. Lexique Roman ou dictionnaire de la langue des troubadours par M. Raynouard.

10. Bartsch: Chrestomathie Provençale 4ième édition, Elberfeld 1880.

11. Romania I 226: Le Poëme De Boèce, revue sur le Manuscrit 1872.

Ausserdem war es mir durch die Freundlichkeit des Herrn Prof. Stengel möglich, bei der Untersuchung der Hiatfälle in den Gedichten des Trobadors Ponz d. C. behufs Revision der von M. v. Napolski im Anhang zusammengestellten Varianten die Copien der einzelnen Handschriften zu benutzen. Vom ihm wurde mir auch ein damals in Zetteln fertiggestelltes Glossar zum Ponz d. C. gütigst zur Verfügung gestellt.

Nachstehender Untersuchung sind folgende Texte zu Grunde gelegt worden [1]):

(Ponz d. C.) v. Napolsky, Leben und Werke des Trobadors Ponz de Capduoill. Halle 1879.

(Bert. d. B.) Stimming, Bertran de Born, sein Leben und seine Werke, Halle 1879.

1) Auf eine Ausbeutung der gesammten provenz. Literatur musste ich schon deswegen verzichten, weil eine Sicherung der einzelnen Belege für die noch nicht kritisch bearbeiteten Texte unmöglich war, und durch massenhafte Anhäufung ungesicherter Fälle die Klarheit der Resultate nur getrübt worden wäre.

— 7,26: Que si m'aixis amors; — 3,27: Si m'auci amars; 3,38: D'afan
m'aurets trag; — 1,1: Tant m'es plasens; 1,16: Quar plazent m'es so;
3,20: Quar per lieys m'esmay; 3,28: Trop m'er cars; 8,86: Ni m'espassa;
6,25; Quecx m'enardis; 17,66; M'entendats; — 5,23: E sa valors m'o tollon
veramens; 6,24: E´mos sabers ab mon cor m'o cossen; — (etc.)

Scheinbare Abweichungen:

20] Pons d. C. 10,24: Per que autra no voill ni me enten
    [que autra — me enten. Unicum nur in D.

Da vorstehender Vers wie das ganze Gedicht uns nur in
einer Handschrift vorliegt, so ist Conjectur berechtigt. Durch
Hinzufügung des *Pronom pers.* *eu* sowohl zum ersten wie
zum zweiten Verb werden beide im Verse vorkommenden Hiatfälle beseitigt.

21] Bert. d. B. 2,7: E melhor sabor me a jais
    [me a jais DIKNDc FAE] m'atrays C. — meiller DFIKN.—
    sabors DIK. — solas F.

Lesart C tilgt zwar den Hiat; erhält aber hierdurch eine
Silbe zu wenig im Verse und ist auch sonst für die Emendation
desselben wenig zu empfehlen, da sie sämmtliche andren Hand-
schriften gegen sich hat. Jedoch berechtigen uns mehrere
Fehler in den Handschriften — cf. *meiller* DFIKN — *sabors*
DIK — zur Conjectur. Hinzusetzung des Artikels zu *jais* —
E melhor sabor m'a lo jais — lässt den Hiat verschwinden.

22] Im Boeth. finden sich keine Belege für Elision von *me*,
wohl aber tritt uns auch hier ein Fall von Hiat entgegen.
Boeth. 6,4: Primas me amen pois me van aissent
    [me amen in ms.

Verschleifung von *me* ist im vorstehenden Verse nicht anzunehmen, da sonst eine lyrische Caesur — Caesur nach der
4. unbetonten Silbe — entstehen würde, die sich im Texte
nicht weiter vorfindet. Denn die Fälle
    Boeth. 3,16: Domne pater e tem fiav' eu tant
         8,22: Domne pater tu quim sols goernar
beweisen das Vorhandensein genannter Caesur keineswegs, da sie,
bei romanischer Betonung *patér* von lat. *páter*, gewöhnliche
Caesur aufweisen und sich auch durch Conjectur leicht in

Verse mit regelrechter epischer Caesur, die im Texte sehr zahlreich auftritt, verwandeln lassen, nämlich in beiden Fällen durch die Schreibung *domine* statt *domne* nach den Besserungsvorschlägen v. Böhmer[1]). Durch folgende Conjectur — *primas il m'amen pois me van aissent* — wird der Hiat gehoben.

23] M. d. Mont. 3,53: Que mi amar midons non desdegnes
   [Que mi amar m. n. d. N.] E saria pos ma vida car no es. U.

Lesart U ist vorstehender Lesart N nicht vorzuziehen. Setzung von *ma domna* statt *midons* und Umstellung von *mi amar* und *ma domna* beseitigt den Hiat:

Que ma domna m'amar non desdegnes. (*cf.* 2,52. 4,1).

24] M. d. Mont. 20,5: E platz me a rio hom franquesa
   [me a CE.

Das dem Verb nachstehende *me* vertritt im vorstehenden Falle die vollere absolute Form. Dem Hiat kann daher eine Berechtigung wohl nicht abgesprochen werden.

25] Gnir. Riq. 51,47: Coman mi eys e nom gar ma falhensa
   [mi eys nur in A.

Die absolute Pronominal-Form, welche unser Text im vorstehenden Falle aufweist, ist jedenfalls unberechtigt. Durch regelrechte Stellung des Pronomens — *mi coman eys* — wird der Vers in jeder Beziehung rectificirt.

26] 2. te. Pons d. C. 21,33: Chanzos vai t'en; 23,46: Chansos vai t'en. Bert. d. B. 3,11: Fata cors pus elha t'enchanta; — 3,12: Tu t'o cola. M. d. Mont. 11,33: E si en ballan t'en vas; 17,19: Messatgier, vai t'en; — 12,37: Per que lau que t'o afraigna. P. Rog. 4,34: Per so quar no t'en vey jauzir; 4,37: Quar ben as dreg pel gran ben que t'en ve; 6,51: Vols t'en ben jauzir. Guir. Riq. 27,70: Qu'om no t'escantella.

27] 3. se. Pons. d. C. 2,15: Si ma dona s'a d'autres preyadors; 3,24: S'adouson mei marrimen; 8,24: C'us fis cors ab autre s'ave; 19,15: Aissi cum l'aurs s'afin el fuoc arden; 21,36: Quant s'acord' ab merce; — 4,19: Ben s'es amors traia; 4,42: Sitot sos cors s'esmaja; 8,23: Quan ses prec s'esdeve; 11,11: Fols es, qui s'en recre; 15,22: Non a domna cui tan rics prets s'eschaja; — 6,22: Quan mos cors s'omelia; — 22,9: C'aissel que s'umelia; 20,37: De selh qui vas lui s'umelia. Bert. d. B. 2,45: Qu'en sai ben qu'en lui non resta La gerra ni non s'alenta; 4,10: Quar s'anavan tardun

---

1) Böhmer, Romanische Studien III. Zum Boeci p. 141.

li princi; 16,5: Enanz que granz cauz s'abata; — 1,5: Domneis s'en ven
a nos; 2,3: Don lo nous temps s'escontenta; 2,33: Qu'el pois si sojorn ni
s'engrais; 3,23: Lo senher s'es prius de tersols tornatz; 3,60: Sai s'eslans;
11,20: Ara s'estei; — 6,47: Cel que ben s'o reoort. — Boeth. 1,11: Quant
o a fait mija no s'en repent; 4,42: No s'es acsi cum anaven dicent; —
5,20: Cum ella s'ança, cel a dol cap polsat. — P. Rog. 1,41: Don mos
cors non s'asegura; 4,8: Mas tot quant es s'aolina vas la mort; — 1,83: Si tot
s'es grans ma dolors; 2,23: Ni d'autra non s'esdeve; 8,27: E tolha e do
si cum s'eschai; — 2,46: Si uns s'i prezenta; 7,99: Qu'om no la ve que
no s'i mir. — M. d. Mont. 3,6: Mas vai s'en lai doptos; 3,39: De mon
cor que s'es en vos mudatz; 3,41: Qu'en un sol luoc qui en dos luocs
s'enten; 10,16: Car la primieira s'eretgi; — 4,35: Com s'i tainges; 10,29:
Qu'anc pus s'i fon enbagnassatz; 11,24: Qu'om s'i afraigna. — Guir. Riq.
8,27: Qu'en dreg pretz mort no s'albira; 12,5: Que folhs es, qui s'aban-
dona; — 2,35: Que tant gent s'es mes el cors; 3,33: Mas vas mi s'er-
guella; 11,11: M'es que s'esfors mos sabers; 16,8: On mos bos espers
s'enten.

B. Pronom possessif. substantif. mas.

28] 1. nostre. Guir. Riq. 26,31: Ab quel nostr'estamens se mut fort
peneden e ben obran.

C. Pronom possessif. adjectif. mas.

29] 1. vostre. Ponz d. C. 15,41: Vostr'om son domna gaja; 12,31:
Que vostr' om sui. P. Rog. 8,4: Mais que no suy per vostr' aver.

30] D. Zahlwort.

Guir. Riq. 59,48: M'avetz en desire ben quatr' ans tenguda.

E. Pronom indéfini. mas.

31] 1. autre, altre. Ponz d. C. 14,43: S'ieu plus que tuich l'autr'
amador la vuoill; 18,13: Miels de negun altr' amador; 27,57: Que peichs
m'esta c'a nuill autr' amador; — 2,23: Ques rescon plus que l'autr'
auzelh no fan; — 14,11: Sia plus mals d'autr'om; 4,22: Meillz d'autr'om.
— Bert. d. B. 15,13: Autr' escondich vos farai plus sobrier; 18,22: L'us es
reis l'autr'es cous pros; — 24,9: Qu'autr'om en serin enujos. —
M. d. Mont. 9,30: E neis d'autr' afaire se deu per aquell' estraire. —
Guir. Riq. 58,60: Senher, anatz, e veiam vos autr'ah; — 16,31: Ses autr'
esper de s'amor; 30,40: L'us cuja l'autr' enjanar.

32] Bert. d. B. 11.23: S'ieu vuolh c'us rics l'autre azir
[l'autre azir *Emend. d. Herausg.*] l'autres azir IKd l'autr'azir A.
— s'ieu *Emend. d. Herausg.*] eius IKd sieu non A.

Die Überlieferung des Gedichts durch die vorliegenden
Handschriften AIKd ist, wie der Herausgeber constatirt, keine

sehr vollkommene. Lesart 1 K d setzt das fehlerhafte *l'autres*
statt des richtigen *l'autre*; Lesart A tilgt zwar den Hiat, sagt
aber durch die Negation gerade das entgegengesetzte von dem,
was dem Sinn nach verlangt wird. Doch lässt sich durch
eine leichte Änderung, durch Hinzusetzung vom *hom* zu *rics*,
(cf. in derselben Cobla V. 28) der Vers leicht rectificiren.

33] P. Rog. 8,41 : L'un ab ira l'autre ab jay
[L'autre EGTU] l'autres ACDIKβ. — l'un ET] l'us ACDGIKRUβ.

Der Plural *l'us — l'autres*, den die Mehrzahl der Handschriften setzt, ist, auch was den Zusammenhang mit den
vorhergehenden und folgenden Versen anbetrifft, als correctore
Lesart zu bezeichnen. Dieselbe wird daher in den Text
einzusetzen sein.

34] Guir. Riq. 51,7: D'un ad autre humilitat cresensa
[autre humilitat. A.

Da vorstehender Vers nur von einer Handschrift geboten
wird, so ist Conjectur berechtigt. Eine leichte Änderung —
Humilitat d'un ad autr's cresensa — tilgt den Hiat.

F. Praepositionen.

35] 1. de. Ponz d. C. 27,37: La gensor qu'es caps d'amor; 24,52: Que
ja d'amor no serai mais janzire; 23,38: Si cum es renoviers on plus a
d'aur e d'argen; 26,47: Que cel c'avia d'aver tan; 14,21: Sitot s'es bon'e
bell'e gentils e d'avinen compaignna; 13,41: Reis d'Aragon; 20,20: Selha
d'Alamanha; 27,39: Per so nos deu d'amor leis enardir nuills hom;
20,28: Pauc sap d'amar; 4,51: Bem puosc d'amar tener; — 21,23: Sivals
d'aitan mi roven; 11,42: Per vos lais veramen ric joi d'aillors; 2,19: Sol
que d'aisso si'eu gardats de dan; — 23,38: On plus n d'aur; 14,11: Cel
qu'es francs sia plus mals d'autr'om; 25,48: Faits me jojos o pensats
tost d'ausire; — 6,8: Morir d'ir' e d'esmai; 18,84: Qar m'an gitat d'esmai
e d'error; 13,10: Qu'el si laisset d'espinas coronar; — 17,36: Qu'a pauc
lo cors d'ir e d'esmay nom fen; 6,8: Morir d'ir; 3,5: Ans muor d'ir e de
feunia; — 20,4: L'adregz solatz el cars prets amoros d'una valen. — (etc.)
— Bert. d. B. 8,37: Pois qu'er vengutz d'Alamanha; 9,31: La vilania
d'Argentos; 11,1: Ioi d'amor; 11,53: La ricor d'aquels; 12,63: Tant cobeitos
d'aquesta; — 14,30: Per rei que d'aitan lur trac guarentia; — 13,11:
Reis que d'autrui pren livranda; 15,30: S'ieu anc aic cor d'autra domna;
amar; — 5,19: Bella m'es preissa d'entresenhs; 6,22: Mil marcs d'esterlis;
25,11: Camps joncats d'elms; 4,19: Ar fos us quecs d'els en boja; —

18,26: Breton son d'onor bas; 9,16: Mas en trop d'orguolh m'eslais; —
27,34: Plena d'enjan e d'uzura; 26,8: D'umil semblan; 9,15: D'un douts bais
— (etc.) — Boeth. 5,46: Mil livras d'argent; 6,21: D'altra color; — 6,31: Sun
fait d'umilitat; 2,11: Mas d'una causa u avia genzor. — (etc.) — P. Rog. 1,30:
Et si d'amor tan quan vuelb; — 1,38: D'aital natura; 8,14: Dey aver gran
joy d'aitan; 4,20: D'aisso; 2,23: Ni d'autra non s'esdeve; — 4,47: Em
part d'enueg; 5,17: Mas no y a d'ira tan; — 5,36: Membram d'un mot. —
(etc.) — M. d. Mont. 1,61: E cil an mais d'acoindamen; 2,30: Mas ges non
si tan d'ardimen; 10,12: Car es d'avol acoillimen; 5,48: Non preguei dieu
que d'als mi valgues; 4,17: Ad obs d'amar; — 3,50: De mi aitan; 7,55:
Mas d'aissous prec; — 6,25: La honors m'en valra mais que d'autre luoc
us rics jais; — 4,23: M'era trop loncs recreauts d'er enans; 11,47: Guaso,
que d'els te jauziras; — 16,5: E d'ome ques fai desdegnos; 15,60: El
coms d'Urgel; 15,19: Ad egual d'un rey. — (etc.) — Guir. Riq. 11,12: Tant
quel sia d'agradatge sos laus; 3,86: Ges mos cors non cassa d'amar;
7,28: D'als nom descarga; — 3,34: Quar d'aitan nom blan; — 16,5: Qu'al
paire d'entendamen m'en veu; 4,30: Ni d'esser nominatius; — 2,15: D'ira
pagats; — 5,42: Selh d'Opian: 14,41; Nom falhira d'onrat joy la doussors;
— 6,41: Amors sun d'un acordamen; 11,27; Qu'anc no fon d'uman
linhatge. — (etc.)

36] 2. **sobre.** Bert. d. B. 9,21: Plus que fis aurs sobr'arena; — 19,20:
E, car etz tant sobr' autras sobeiranas; — 40,37: E lur bobans sera de
sobr' en jos; — 19,28: Sobr'un feltre emperian; 21,38: Sobr'un messal. —
M. d. Mont. 7,65: Quel sieus noms es sobr' autras noms graxits.

37] (gehört auf S. 8 nach 18]). **contra.** Boeth. 6,27: Contr' avaricia sun
fait de largetat. Bert. d. B. 5,35: Mas contr'orgolh es orgolhos.

Vokal o.

38] A. Article sing. mas. **lo.**

Pons d. C. **nom.** 20,1: L'adregz solatz mi fun chantar; — 19,15: Aissi
cum l'aur s'afin; — 13,22: Ben son torbat lo reis e l'empereire; — 22,4:
Quel rics bars e l'onrats n'es plus cars; — **obl.** 5,26: Qom lials e temens
sufriz l'afan em patz; 23,42: Qu'anc mais l'acuillimen non aic ab gai
solatz; — 26,5: Devem creire l'un e totz tres. — (etc.) — Bert. d. B. **nom.** 27,12:
L'avers lo fai follejar; — 18,22: L'autr'es coms pros; — 38,10: E nolh
merma l'espavens; — 4,17: Lo reis Filips es l'us; 5,33: Bom sap l'usatge
qu'al leos. — **obl.** 4,7: Sols aural pres que sols offre l'afan; II, 12: Quan
li corredor fant las gens e l'aver fugir; — 11,23: S'ieu vuolh c'us rics
l'autre azir; — 31,12: E de Giortz pert l'esplei; — II, 33: Veirem a
l'intrar de l'estor; II, 45: Et anch enhir cavals voitz per l'ombratge. — (etc.)
— Boeth. **nom.** 3,43: Lo bes que l'om fai; — 1,10: Ni l'us ves l'altre sia
fai fals sacrament. — **obl.** 1,10: Ni l'us ves l'altre; — 2,10: De tot l'emperil

tenien per senor; — 6,11: El vestiment en l'or qui es repres; — 5,45: Pur l'una fremma non comprari'om. — P. Rog. *nom.* 5,5: Qu'assats vei que tot l'als qu'om fay; — 9,20: E çai reman_l'esperits; — *obl.* 1,7: Ves l'autre; 5,23: L'erguelh el mal el tort el dan; — 8,41: L'un ab ira l'autre ab jay. — M. d. Mont. *nom.* 15,5: Quant l'uns dis oc e l'autre dis no. — *obl.* 5,58: Pel verai prets e per l'aculhir gen; — 5,52: Per l'enseignamen; — 11,42: En l'ostel ton seignor as. — Guir. Riq. *nom.* 7,27: Senes tot l'als sitot l'afans me sobra; — 13,68: Tots l'autre mons; — 23,8: L'enans qu'en ay. — 5,33: L'onrats vescoms; — 30,43: Quant l'us ve l'autre baissar; — *obl.* 7,27: Senes tot l'als; — 6,12: Som dits amors e tro aia vencut l'erguelh; — 21,7: Gardats l'ops de m'arma; — 30,40: L'us cuia l'autr' enianar.

39] B. Pronom pers. conj. III. mas. acc. *lo.*

Pons d. C. 11,3: Que tuich l'onron voluntier. — Bert. d. B. 4,1: Ara sai en de pres quals l'a plus gran de totz; 7,32: Et es joves quan ben l'aman juglar; 27,19: Per qu'es folhs qui non l'amerma; — 2,16: Pustella en son huolh qui ja mais l'en amonesta; II, 22: Quand es primiers a l'envasir; 85,14: Per qu'es dregs qu'eu l'en reprenda. — Boeth. 2,12: De sapiencia l'apellaven doctor; 7,1: Fai l'acupar a guisa de lairo; 7,2: Fai l'aparer de tot nol troba bo; — 8,2: Ab aquel fog l'encent. — P. Rog. 1,28: Ylh querra tost qui l'acuelha. — M. d. Mont. 1,19: Tro que l'a ben a tots sos ops conques; 4,47: Domna non vuoill aver ab mi mon cor mais am que vos l'ajats; 10,72: Del fill N'Anfos que l'avia fait de nien; 14,5: Era l'aujats. — Guir. Riq. 34,13: Quel mielhs del mon l'a perpres; 9,5: E far l'ai de mascles motz. —

Scheinbare Abweichung zeigt sich in den Gedichten des M. d. Mont.

40] M. d. Mont. 17,4: Empegnon lo aitan quan val
[lo aitan C.

Conjectur berechtigt, da vorstehende Lesart, wie das ganze Gedicht, nur von einer Handschrift geboten wird. Folgende Änderung — *E l'empegnon aitan quan val* — schlage ich vor.

II. Elision und Hiatus.

In dem zweiten Theile unsrer Untersuchung werden wir
diejenigen Fälle behandeln, in denen sich ein schwankendes
Verhalten zu Gunsten bald der Elision bald des Hiats beobachten lässt. Auch diesem zweiten Theile ist dieselbe Ein-
theilung zu Grunde gelegt worden, wie dem ersten.

Vokal *a.*

41] A. Article déf. fem. *la.*

Pons d. C. *nom.* 20,1: L'avinens companha; 20,24: L'amors; 22,64: Mas
l'amors m'ausiria; — 22,63: Bem fai l'ira dolen; 24,7: Greu soffrir fai
l'ira; — *obl.* 20,30: L'amor qu'ieu l'ai; 24,16: L'arma rendetz min Peir';
26,35: Vengar l'anta; — 23,82: Col peissos viu ses l'aiga. — 4,43: C'apres
l'ira m'eschaja tals jois; — Bert. d. B. *nom.* 40,28: L'ant' es pus gran;
— 1,9: Noiris amors com fai l'aiga los peis; 3,45: Et er l'anta ais pansava;
— *obl.* 7,29: jove se te quan art l'arqua el vaisselh; — 11,42: Vol retener
l'autra meitatz; 32,17: Greu er que en mar nol debur l'aura; — 36,4:
Baron de l'encontrada; 37,17: E sembla conil de l'esquina; 36,25:
Qu'es la patz en l'encontrada; — 10,5: De l'ira; — II, 18: E vei l'ost
en ribatge. — Boeth. *obl.* 5,8: Que quel corps faça eul vai l'arma dozen; 5,35:
E pois met l'arma en enfern; — 4,1: Quan ve a l'ora; 6,21: En epsa
l'ora; — 5,45: Pur l'una fremna. — P. Rog. *nom.* 7,4: Mas l'iram pass'al bon
conort; — *obl.* 1,44: Mas l'amor de midons vuelh; — 1,4: Per l'erba que creys
e nays; 1,39: No vuelh l'onor. — M. d. Mont. *nom.* 7,46: Plus qu'en la
mar non parria l'aigua; 10,54: On mieilla chanta l'aigua'n deissen; — *obl.*
3,37: Non crezats l'avol gen; — 7,14: En l'autra gen; — 13,51: E fant
l'obr' espess' e dura. — Guir. Riq. *obl.* 50,29: Yeu preno l'onor.

Fälle, in denen die Herausgeber den Hiat bestehen lassen,
finden sich folgende in den Texten:

42] Bert. d. B. 44,41: Que quan la autra gens s'en part
[Que quan CFNDIK] que quan tot M greu m'es quan A — la

autra *Conjectur des Herausgebers*] la orra N l'autra ADIRF autra CM
— [s'en part N] s'en compart DIK si compart F se (so C.) part AC ses part M.

Wie vorstehende Varianten zeigen, wird der Hiat *la autra* mit Ausnahme von N von allen Handschriften gemieden. Die Lesarten bedürfen jedoch einer Besserung, indem sie theils geradezu Fehler enthalten, theils durch die Elison von *la* vor *autra* den Vers in seiner Silbenzahl schädigen. Fehlerhaft sind z. B. die Handschriften DIKF, welche, vielleicht um den Vers zu rectificiren, *compartir* statt des richtigen *partir* setzen, ein Wort, welches sich im Lexique Roman von Raynouard sowie in den andren mir zur Verfügung stehenden Glossaren nicht vorfindet[1]). Da auch die übrigen Lesarten sich zu einer Emendation nicht verwenden lassen, so bin ich geneigt, der Conjectur des Herausgebers — Setzung von *la autra* für *l'autra* — zuzustimmen.

43] Bert. d. B. 2, 2: Del pascor vei la elesta
        [la elesta DIKNDcFA] la sesta CE.

Lesart CE *la sesta* (Schreibfehler des Copisten, muss wohl heissen *la testa*) zeigt eine Silbe zu wenig und ist daher nicht zu verwenden. Da fast alle Handschriften sich in diesem Falle für den Hiat erklären so nehme ich Anstand, durch eine Conjectur (etwa Setzung des Personalpronomens *eu* zum Verb) denselben zu tilgen. Auch im folgendem Falle

44] Bert. d. B. 26,60: E ja mais jois la ira no m'esclaire
        [la ira DIKFABCE.
darf wohl nicht an der Ursprünglichkeit des Hiats gezweifelt werden, da derselbe von sämmtlichen 8 Handschriften gesetzt wird.

45] Bert. d. B. 24,30: D'armas en la ost dels basclos.
        [la ost M.

Obgleich nur eine Handschrift vorliegt, und somit Conjectur berechtigt ist, so stehe ich doch davon ab, da der Vers in seiner ganzen Gestaltung richtig erscheint, und eine leichte Änderung desselben kaum möglich ist.

---

1) Glossar zu Bartsch Chr., zu Pons d. C. u. Bert. d. B.

46] Boeth. 2,9: El eral meler de tots la onor
[la onor im Ms.

47] M. d. Mont. 6,24: La honors m'en valra mais
[la honors CIAD.

Der Hiat muss in beiden Fällen bestehen bleiben, da
Conjectur wenig zu empfehlen, und auch kaum möglich ist.

48] B. Substantiv der I. Declination. In den meisten Fällen
verliert dasselbe sein nachtoniges *a.*

Pons d. C. *nom. u. voc.* 22,27: Don' aisso dic per vos; 12,15: Aissi perdra
ma domn'al sieu tort me; 2,26: Si vos don'acsets lo mieu talan; — 5,11:
Es vostre cors onratz pros dompn'et avinens; 26,64: Gloriosa en cui es
merces et esperans' e fes; 5,20: Per qei es jovens cortesi' e beutats; — obl.
19,4: Per guaya don' ab guay cors benestan; — 25,7: Dompn'eslire; 3,5:
Ans muor d'ir' e de feunia; 1,9: Qui pert vergoign'e deu; 27,25: Si nom
perdona la colp' el fnillir; 8,46: S'acoindans' e sa paris; 22,68: Gart la comtes'
e vos; 26,71: Forss' e poder; 15,10: boqu'els oills; 11,40: Muor d'envei' e de
desir; 12,32: Vos i faretz cortesi' e merce. — Bert. d. B. *nom. u. voc.* 86,43:
Bella doumpn̄a dieu vos quier'); — 22,15: Quan la treva̅es fracha; 40,28:
Per que l'ant' es pus gran; 11, 56: Bona dompna̅en digz et an fatz; 20,19:
Pustella̅en son huolh qui m'en parts; 29,24: Per cui fon Polha̅e Sansonha
conquesta; 1, 2: E pareis la fuolha̅e flors; — obl. 12,51; De na Faidid' atretal
vuolh sas bellas denz; 14,61: Lo de Berguonh' a mandat; 38,49: De cauz e
d'arena̅ab caire; 16,9: Mas tots temps isses voluntiers de vostra terr'ab
los primiers; 29,30: De gerra̅u cor e aura'n pois poder; 1, 24: Lais sa
terra̅al senhor del gronh; 12,8: Non trob dompna̅a mon talan; — 12,57:.
Vuolh quem lais sa gazeza̅e son bel gran; 16,18: De proeza̅e el gazanhat;
26,34; De viula̅e de chan; 28,16: Tuit venran a vita̅eterna; 34,52: De
leis que ten Cabriera̅e Fon d'Urgel; 3,41: Entre Dordonha̅e Charanta;
22,1: Guerr' e panteis veg et afan; 18,40: Car greu conquer hom ben
terra̅en dormen; 6,31: En dompn' escarsa; 14,39: Qu'entra Fransa̅e

---

1) Einen Unterschied zwischen Elision und Synalöphe (d. h. einer
Verschleifung, in welcher der auslautende Vocal nur dem Ohr und nicht
dem Auge entschwindet) werde ich, wenigstens hinsichtlich meiner Untersuchung, nicht machen, da ja bekanntlich die Copisten einer grossen
Anzahl provenzalischer Lieder Italiener waren, welche solche Ver-
schleifungen aus ihrer Nationalpoesie hinlänglich kannten und sie vielleicht
von dort in ihre provens. Copien hinüber genommen haben. Der Unterschied zwischen beiden Erscheinungen braucht daher lediglich graphischer
Natur zu sein.

Normandia; 29,19: Si qu'a Roam intree per forma^el parc; — 15,16: Quan serem sol en cambra^o dinz vergier. — Boeth. *nom.*: 7,6: E sa ma dextra la domna^u libre te; — *obl.*: 1,4: Qui nos soste tan quan per terra^annam; 3,5: Lo reis lo pres de felni' a reptar; — 3,39: De sol e luna cel terra^e mur cum es; 6,13: Zo signifiga la vila qui^en ter' es. — P. Bog. *nom.* u. *voc.* 3,57: Ma donn' ieu say; 2,10: Ma dompna^es manenta; 3,50: Vos jutgats dompna^e destrenbetz; — *obl.* 6,34: E truc gran pena^e gran afan; 5,30: E dona pauza^e afan; 7,1: Entr' ir' e joy; 9,16: Mais am freidura^e montagna; 9,15: Eu m'en vanc en terra^estragna; 7,7: Dompn' ay. — M. d. Mont. *nom.* u. *voc.* 3,33: Quan vole que tot fos mesur' e razos; 3,48: De lieis on es conoissens' e solatz; 8,6: Em avetz mes dompn' en vostra preizo; 1,25: Mas de vos domn' ai temens' e paor. — *obl.*: 19,66: E paubra soudadeir' aira; 10,27: Et er plus secs de leign' arden; — 1,26: Car ai en vos compaigni' e solatz; 19,37: Et enojam per vit' eterna; 13,51: E fant l'obr' espeas' e dura; 14,24: En Cataloign' ai tota mos ces. — Guir. Riq. *nom.* u. *voc.* 59,69: Toz' ans etz membrada; 60,48: Toz' avetz de mi membrunsa; 60,55: Toz' ab qui etz parielra; 58,11: Toz' el prim jorn; 59,57: Toz' a n'om cossire; 39,31: Don' ab prets gracios; 49,29: Tant quan es guerr' afortida; — 59,55: Toza, etz esperduda; — 58,9: Toz' aissi etz vostres anhels gardan; — *obl.* 50,4: Mas eram fai amors tal don' amar; 31,30: Creyssen de terr' ab lausor; — 14,8: E si truc mal per dona^en dreg d'amor; 6,40: Quar pueys aura; so qu'a pro domn' eschay; 39,49: Pus domn' ay qu'en tensos.—

Scheinbare und wirkliche Abweichungen finden sich in allen Texten.

49] Ponz d. C. 24,9: Qu'anc no pogues meillor domna ausire [meillor domna (don R) IKR] el mon meillor (mielher C) ABCDMTab. Lesart ABCDMTab, welche auch die Mehrzahl der Handschriften für sich hat, wird als Emendation einzusetzen sein.

50] Ponz d. C. 25,36: Per vos domna a cui mi sui donatz [domna (donnas U) a ABCIKRTfU] domna per D. Über das Vorkommen lyrischer Caesur bei Ponz cf. p. 33 d. Ausgabe. Im vorstehenden Fall tritt uns die Frage entgegen, ob wir den Hiat, der in der Caesur auftritt für hinreichend gesichert ansehen können, oder ob auch in diesem Fall die beiden Hemistiche durch Elision in näheren Connex gebracht werden. Von Belegen für letztere Vermuthung finde ich in den zur Untersuchung herangezogenen Texten folgende:

Ponz d. C. 1,9: Qui pert vergoign' e den per avol sen [vergoign' R] vergonha CD₁.

Lesart CD, bringt eine epische Caesur in den Vers, die
wenigstens bedenklich ist, da weitere Belege für diese Caesur
sich bei Ponz nicht finden. Irgend welche andre Änderung
lässt sich nicht wohl in dem Verse anbringen.
Pons d. C. 2,26: E si vos don' acsetz lo mieu talan
[don' acsetz C.
Conjectur berechtigt, da nur eine Handschrift vorliegt.
Weglassung der Conjunction *E* würde die Elision aufheben.
Pons d. C. 15,10: La bella boqu' els oills clars e risens
[boqu' IKf.] boohs ACDFMRTab.

Lesart *bocha* bringt wieder eine epische Caesur in den
Vers und ist daher aus dem obengenannten Grunde nur mit
grosser Vorsicht aufzunehmen.
Pons d. C. 19,4: Per guaya don' ab guay cors benestan.
Die Lesart der einzigen Handschrift *per gaie donne guay
cors benestan* ist verderbt. Der Conjectur des Herausgebers
pflichte ich bei.
Bert. d. B. 29,24: Per cui fon Polha e Sansonha conquesta
[Polha AMCRUV] Poill DFIKT — per cui] quen C — fon *fehlt* M.
Wie schon früher bemerkt, erachten wir Elision und Ver-
schleifung der Silbe als für unsre Untersuchung identisch. Die
Lesart DFIKT, welche Elision setzt, lässt uns erkennen, dass
wir es im vorstehenden Falle mit einer Verschleifung zu thun
haben und dass uns keine jener weiblichen Caesuren nach
der 5ten unbetonten Silbe vorliegt. Jedoch könnte man diesen
Fall als kaum beweisend für unsre Vermuthung aufstellen.
M. d. Mont. 1,25: Mas de vos domn' ai temens' e paor.
Keine der vorliegenden Handschriften ABDELOSUP hat
das Bestreben, die Elision aufzulösen. Auch in diesem Falle
ist die Annahme von epischer Caesur nicht zulässig, da dieselbe
in den Gedichten des M. d. Mont. nicht auftritt.
Aus obigen Fällen sieht man, dass bei betonter vierter Silbe
die Caesur nicht immer im Stande ist, zwei zusammenstossenden
Vocalen Schutz zu verleihen. In wieweit sie sich als Stützpunkt für den Hiat zeigt, werden wir im Verlauf unsrer
Untersuchung sehen. Wenden wir uns unserem Fall 50], der
obige Erörterung herbeiführte, wieder zu.

Lesart U zeigt den unrichtigen Plural statt des richtigen
Singulars *domna*. Ebenso ist auch Lesart D nicht zu verwenden,
da sowohl *se donar* wie *se rendre* mit *a* nicht mit *per* bei
Ponz d. C. construirt werden. cf. 22,28. 25,46. Setzung von
midons statt *madomna*, welche leichte Conjectur den Hiat tilgen
würde, ist nicht zulässig, da *midons* nicht im voc. gebraucht
wird, sondern nur im nom. u. obl. cf. Ponz d. C. *nom.* 14,13. 42.
obl. 6,11. 11,15. 14,8. 17,6. 19,24.45. 20,26. 21,19.33. 23,11.33.48. 24,46. —
Bert. d. B. *nom.* 12,69. obl. 3,5. 4,12. 12,27.29. — Boeth. keine Fälle. —
P. Rog. obl. 3,5. 3,12.24. — M. d. Mont. keine Fälle. — Guir. Riq. *nom.*
1,19. 3,5. 25,39. obl. 1,4.27.44. 2,42. 4,23. 5,25. etc.

Die Form *domna* andererseits kommt nicht allein im nom. u. obl.
vor, sondern wird auch vorzugsweise in der Anrede angewendet.
cf. Ponz d. C. *nom.* 2,15. 6,5. 7,1. 9,22. 12,15. 17,10. etc. obl. 4,30. 15,22.
19,4. 20,17. etc. *voc.* 2,26.36. 3,41. 5,11. 6,41. 7,35. 8,42. 9,7. 14,33. etc.
Bert. d. B. *nom.* 1,7. 7,17. 12,38. 15,31 etc. obl. 4,49. 5,31. 12,8.19. 15,23.
30. etc. *voc.* 9,61. 12,1. 15,1.6.37. 36,43. Boeth. nom. 5,29. 6,6. 7,6. obl.
u. *voc.* keine Fälle. P. Rog. *nom.* 1,11.18.25. 2,10.27. obl. 2,33. 7,7. *voc.*
3,50. 6,33. 7,13. M. d. Mont. *nom.* 2,52. 4,1. 14,16.21. obl. 1,21. 13,4.13.
voc. 1,25.28.29.34.41.42.43.46. 3,10.18. etc. Guir. Riq. *nom.* 14,19. 21,36.
obl. 23,32. *voc.* 11,85. 20,4.

Der Hiat ist daher im vorstehenden Falle nicht zu beseitigen.

51] (*a : e*) Ponz d. C. 24,7: Greu soffrir fai l'ira el dol el dan
[soffrir fai IK] pensar fai ABDu pensarai C paserai M passara T
passarai B — [el dol el dan IK] nil dol nil dan ABCDMRTb nil
dol tal dan a.

Der unbetonte auslautende Vocal erhält im vorstehenden
Falle durch den Versrhythmus eine gewisse Stütze. Es fragt
sich nun, ob diese Stütze genügend ist, zur Wahrung des
Vocals oder ob derselbe auch in diesem Falle der Elision ver-
fällt. Die Leys d'Amors geben über diese Fälle keine Regeln.
Für die erstere Vermuthung, dass der Versrhythmus für die Bei-
behaltung des Hiats ein genügender Stützpunkt sei, erklärt
sich Stimming in seinen beiden Trobador - Ausgaben von
Bertran d. Born (cf. pag. 101) und Jaufre Rudel (cf. p. 31).
Im nachstehenden gebe ich zahlreiche Belege, welche die
Nichtigkeit dieser Ansicht klar darlegen werden.

Pons d. C. *subst.* 22,27. 5,20. 12,12. *adj.* 4,33. 25,5. 24,21. *verb.* 9,5.
21,36. 6,20. 8,47. 22,26. 12,36. 19,5. *que* 3,29. 4,34. 5,7. 6,16. 8,22;
15,23. 18,43. 1,12. 3,37. 4,38. — etc. — Bert. d. B. *subst.* 12,51. 14,61.
36,43. I, 24. 22,1. 40,28. 3,41.34. *adj.* 19,29. 15,13. 18,22. 41,23. 24,9.
verb. 7,43. 15,45. 15,12.18. 23,7. 25,5. 13,28.29. 26,14. *que* 8,24. 12,9.
29,19. 24,9. 12,73. 26,27.87. — etc. — Boeth. *artikel* 5,25. 6,21. 5,45. 4,1. *subst.*
3,5. 6.13. *verb.* 3,26. 1,3. 2,32. — P. Rog. *artikel* 9,20. *subst.* 2,10. 9,16.
7,7. *adj.* 1,20. 3,22. 6,2.26. *verb.* 2,31. 2,60. 3,32. 4,12.52. etc. *me* 3,21.
sa 4,43. 3,44. *que* 2,44.39. 3,42. — etc. — M. d. Mont. *subst.* 3,33. 3,48. 8,6.
4,24. 10,1. 1,26. *adj.* 13,2. 18,20. 10,42. etc. *verb.* 4,32. 14,11. 17,16. 3,36.
— etc. — Guir. Riq. *subst.* 58,11. 39,31. 49,29. 58,9. 31,30. etc. *verb.*
22,13. 51,50. 43,20. 31,34. etc. *h* 47,48. 60,35. 18,30. *ma* 44,2. *que* 56,27.
54,31. 30,49. 37,39. etc.

Diese Belege zeigen deutlich, dass der Versrythmus der
Elision in keiner Weise irgend welches Hemniss darbietet.
Wenden wir uns unsrem obigen Fall 51] wieder zu. Die Lesart
IK, an welche der Herausgeber sich auch im vorstehenden
Verse hält, ist offenbar verderbt. Nach Einsicht in die Varianten
möchte ich folgende Änderung vorschlagen:

> greu soffrirai l'ira nil dol nil dan.

Die Conjunction *ni*, welche in einem negativen Satze gebraucht wird, cf. 1,33. 2,29.36. 6,23. 9,15. 6,21. etc. ist auch hier
berechtigt, da das Adverb *greu* den Satz gewissermassen zu
einem negativen macht.

52] Pons d. C. 26,61: Gloriosa en oui es merces
[Gloriosa en D*G C R.
Pons d. C. 26,63. Lums et estela e olartatz
[A D* G C R.

Ersterer Fall findet dadurch seine Erledigung, dass man
Viersilbigkeit von *gloriosa* annimmt und folglich Verschleifung
des Endvokals *a*. Im Lexique Roman von Raynouard III, p. 476
finde ich ebenfalls mehrere Belege, in denen das *io* in *glorios*
zweisilbig gebraucht wird. Betreffs Erledigung des zweiten
Falls citire ich die ersten 4 Verse der Cobla nach AD, G.

> Gloriosa en cui es merces
> E qu'ets vera virginitatz
> Lums et estela e clartatz
> Salutz et esperans' e fes. —

Durch folgende auf Analogie gestützte Conjectur wird der
Hiatfall beseitigt:

> Gloriosa en cui es meroes
> E qu'ets vera virginitatz
> Vera lums et estel' e clartatz
> Saluts et esperans' e fes

Einen wirksamen Stützpunkt findet dieselbe durch Vers
7,8 in demselben Gedichte: Es vers dieus e vers perdonaire
Vera merces e vers salvaire.

53] Pons 26,68: De cui vos ets filla e maire
    [filla e AD⁰ GCR.

Durch eine leichte Änderung, durch Setzung der Conjunction
e vor *filla*, — De oui vos ets e fill' e maire — wird der Hiatfall vermieden. Diese Conjectur lässt auch die beiden entgegengesetzten
Begriffe *filla* u. *maire* in wirksamerer Weise hervortreten.

54] Pons d. C. 23,21: Que issia franquessa e merces
    [= 1K — [Que issia IKR] Qei deju esser A Quen lieys sia C Con
    sia T Que no issia Df. — [franq.] erguelba (orgogill) e franq's
    (franchesa) RT.

Aus den mannigfaltig auseinandergehenden Varianten lässt
sich die mangelhafte Überliefung des Gedichts schliessen. Den
Hiat *frunquessa e* bieten fast alle Handschriften; nur die Lesarten RT vermeiden ihn durch Einfügung eines *e* vor *franquessa*. Weniger passend scheint mir die weitere Einfügung von
erguelhs zur Vermeidung des ersten Hiats *que issia* (= *que i
sia*), da *erguelhs* zu *frunquesu* und *merces* in keinem näheren
Verhältniss steht. Aber auch die Lesarten der Hss. AC, Df.
welche den ersten Hiat beseitigen, werden nicht wohl angenommen
werden können, da sie nur secundäre Besserungen der Copisten
darstellen. Die Lesart Df. ist jedenfalls falsch. Reimann liesst,
angeblich mit A, Qei esser deju, franquessa e merces, was bedenklich
ist, da weitere epische Caesuren in den Gedichten d. Ponz d. C.
nicht auftreten.

55] (a : a) Bert. d. B. 31,45: Mon isenbart en la terra artesa
    [terra artesa ABDIKFUVE] terra dartesa CR.

Die Lesart CR *d'artesa* ist nicht zu verwenden, Beseitigung
des Hiats in diesem Falle also nicht möglich.

56] Bert d. B. 17,6: Amta ab pro mais que honor ab dan
   [Unicum nur in M.

Die eine Handschrift, die uns nur vorliegt, berechtigt zur Conjectur. Im vorstehenden Verse finden sich zwei Hiate *amta ab* und *que honor*. Zu *que honor*: cf. namentlich 2,27.41: *qu'om*; 11,17: *c'oimais*; 19,23: *qu'onrada* 28,38: *E vol mais deniers c'onor*; Ich erlaube mir folgende Conjectur vorzuschlagen:
Amt' ab ric pro mais qu'honor ab rio dan *cf. hiersu* 12,6.16.

57] Bert. d. B. 34,25: Anta aura s'aissi pert son afan
   [anta aura DIK] anta n'aura C anta i aura AMT mal estara F.

Lesart C wird als Emendation vorgeschlagen.

58] Bert. d. B. 15,30: S'ieu anc aic cor d'autra dompna amar
   dompna ABDIKTF] don B.

Tilgung vorstehenden Hiatfalls ist bedenklich, da derselbe von so vielen Handschriften geboten wird.

59] (a:e) Bert. d. B. 32,59: E la rauba e tot l'arnes
   [rauba DIKAB] E det la son frair'en jacmes CE — Som dis son fraires en janfres F.

Die Lesart des Archetypus CE scheint dem Sinn des Ganzen nicht zu entsprechen; ebenso ist Lesart F nicht zu verwenden, da sie vereinzelt dasteht. Auch hier muss der Hiat wohl bestehen bleiben.

60] Bert. d. B. 42,26: E civada e bos castelha ab tors
   [civada e CER.

Die Handschriften des Gedichtes, in welchem vorstehender Vers sich findet, gehören demselben Typus an, und die Abweichungen in denselben sind äusserst gering; Conjectur daher berechtigt. Setzung von *assats* statt *e* vor *civada* — cf. V. 25 *Comte d'Urgelh assats avets fromen* — beseitigt den Hiat.

61] Bert. d. B. 31,24: Quel fetz livrar la moneda englesa
   [moneda englesa ABDIKEFVCB.

Die vielen Handschriften, welche den Hiat setzen, weisen auf die Ursprünglichkeit desselben hin.

62] Bert. d. B. 17,11: E quar flairatz sap engema e pi
   [Unicum in M.

25

Das Wort *engema* findet sich weder im Lexique Roman
von Raynouard noch in einem der andren mir zu Gebote
stehenden Glossare verzeichnet. Tobler, der der Ausgabe
Stimmings Besserungsvorschläge beifügte, setzt *e goma* statt
engema. Ich möchte diese Conjectur noch etwas erweitern und
die Wörter *sap* und *pi* in ein Abhängigkeitsverhältniss zu
goma stellen. *E quar flairats goma de sap e pi.*

63] Bert. d. B. 33,2: E Torena e Montfort ab Gordo
[Torena e DIKFAC.

Obgleich die 6 Handschriften sich ursprünglich auf drei
reduciren, da DIK und AC je einen Typus darstellen, so stehe
ich dennoch von irgend welcher Conjectur ab, da der Vers mir
in seiner ganzen Gestaltung richtig erscheint.

64] Bert. d. B. 12,33: La gola els mans amdos
[gola els DIKABF.

Die Auflösung der Enklisis, die Reimann in diesem Falle
vornimmt, (cf. Diss. p. 9), und die er überhaupt als ein gutes
Mittel zur Beseitigung der Hiate hinstellt, ist nur mit grosser
Vorsicht zu verwenden und am besten ganz zu vermeiden,
zumal da man weiss, wie sehr der Trobador solche An-
lehnungen liebt. So lange es noch an einer Untersuchung
über den Gebrauch derselben fehlt, ist dieses Mittel zur Beseitigung
der Hialfälle wenig zu empfehlen. Tilgung des Hiats ist also
im vorstehenden Falle nicht möglich.

65] Bert. d. B. 8,53: Don pres Polba e Romanha
[pres DIKA] conqes F.

Die 4 Handschriften, welche *pres* setzen, reduciren sich
ursprünglich auf 2, da DIK zusammengehören. Lesart F wird
als Emendation einzusetzten sein *Don conqes Polh' e Romanha.*

66] Bert. d. B. 31,14: E Bretanha e la terra engolmesn
[E Bretanha DIKABFUCRE] E perd Bretanha V — [terra DIKABFUV]
terr' CER.

Dass die Synalöphe sich bei *terra* befindet, beweisen die
3 Handsch. CER, welche regelrecht Elision des *a* vornehmen.
Lesart V beseitigt zwar den Hiat, steht aber vereinzelt so vielen
Handschriften entgegen. Der Hiat muss daher bestehen bleiben.

67] Bert. d. B. 3,29: Guerra e tribols
  [guerra C] gerras M. — guerra *fehlt* IKd.

Nach Analogie des vorhergehenden Verses in derselben Cobla, *pressas e mazans*, ist die Lesart M *gerras* vorzuziehen. cf. auch 1,11: *Armas e corts e guerras e torneis* 11,1: *Corts e guerras.*

68] Bert. d. B. 14,50: De Fransa e per piegz guizat
  [Unicum in C.

Eine plausible Conjectur, die zwar berechtigt wäre, da vorstehender Hiatfall nur in einer Handschrift überliefert ist, lässt sich in diesem Falle schwerlich aufstellen.

69] Bert. d. B. 1,7: Per cals obras deu donna esser quem
  [domna esser IK] esser dompna F — [quem F] conquism IK.

Die Lesart IK zeigt bei Hiatannahme eine Silbe zu viel. Durch die Handschrift F wird die Silbenzahl rectificirt, und der Hiat beseitigt.

70] (*a : i*) Bert. d. B. 40,22: E pus non es per sa terra iros
  [E pus per sa terra non es iros CR.

Die Handschriften CR weisen eine falsche Caesur zwischen *sa* und *terra* auf, die zwar durch obige Conjectur Stimmings richtig gestellt wird, durch sie wird aber zugleich der Hiat *terra iros* in den Vers gebracht. Ich bin nicht im Stande irgend welche andere Änderung vorzuschlagen und stimme daher der Conjectur Stimmings bei. Freilich kann die Beweiskraft vorstehenden Falles nur eine sehr geringe sein.

71] (*a : o*) Bert. d. B. 38,64: Que res mns bestia o peis
  [bestia ABU] besti DFIK beista V bestias C besties R.

Dass im vorstehenden Fall kein Hiat vorliegt sondern Verschleifung des auslautenden *a*, zeigen schon die Lesarten DFIK. Auch ersieht man aus denselben die Zweisilbigkeit der Endung *ia* beim Substantiv.

73] (*a : a*) Boeth. 3,19: De sapiencia anava eu ditan
  [So Ms., P. M. u. Diez.

Der zweite Hiat *anava eu* könnte durch Umstellung — *De sapiencia eu anava ditan* — leicht gehoben werden; jedoch ist diese Setzung nicht wohl zu verwenden, da der Provenzale eine solche Inversion des Subjects *anava eu* besonders liebt, namentlich wenn andre Satzglieder diesem Subject vorangehen; cf. Diez: III₄ p. 464.

In folgenden Fällen ist wohl wegen der Caesur ursprünglicher Hiat anzunehmen.

74] (*a:e*) Boeth. 2,7: Coms fo de Roma e ao ta gran valor
  [Roma e Ms, P. M., Diez.

75] Boeth. 5,35: E pois met l'arma en enfern el somais
  [arma en Ms, P. M., Diez.

76] Boeth. 5,23: Bella's la domna el vis a tant preclar
  [domna el Ms, P. M., Diez.

77] Boeth. 7,3: Bella's la domna e granz per ço sedens
  [Ms, P. M., Diez.

Im folgenden Fall

78] (*a:o*) Boeth. 2,6: No cuid qu'e Roma om de so saber fos.
  [Ms. P. M., Diez.

könnte allerdings leicht durch Umstellung — *No cuid qu'e Roma de so saber om fos* — der Hiat beseiligt werden.

Ebenso wird

79] (*a:u*) Boeth. 2,11: Mas d'una causa u nom avia gensor
  [causa u Ms, Diez.

durch Änderung von P. Meyer u. Böhmer — Streichung des *u* vor *nom* — der Hiatfall getilgt.

80] (*i:a*) Boeth. 3,8: Pero Boeci anc no venc e pesat
  [Boeci anc Ms, P. M., Diez.

Beseitigung des Hials wäre möglich, wenn man *anc* nach *venc* setzt:

  Pero Boeci no venc anc e pesat

81] (*i:e*) Boeth. 2,26: E de Boeci escrivre fes lo nom
  [Boeci escrivre Ms, P. M., Diez.

Vielleicht liesse sich auch hier dem Hiat durch Umstellung — *E de Boeci fes escrivre lo nom* — aus dem Wege gehen.

82] P. Rog.: In den Gedichten P. Rog. findet man überall Elision des Substantivs durchgeführt.

83] (a:a) M. d. Mont. 14ᵇ,66: En lait de sauma an temprat
[sauma an DI.

84] M. d. Mont. 19,56: Longa taula ab breu toailla
[taula ab CIR.

Nur im ersten Falle könnte der Hiat durch Setzung des
Plurals *saumas* beseitigt werden.

85] (a:e) M. d. Mont. 10,61: Saill d'Escola es lo deses
[d'Escola es ADL.

Vorsetzung der Conjunction *e* wird den Hiat beseitigen.
Ebenso wird

86] M. d. Mont. 17,21: Que te Toloza en bailia
[Toloza en C.

durch Umstellung, *Que Tolosa ten en bailia*, der Hiat gehoben.

87] M. d. Mont. 19,24: Trop d'aiga en petit de vi
[d'aiga en CIR — Rayn.

88] M. d. Mont. 14ᵃ,41: En Proensa els sos baros
[Proensa els (el D) CEIRD] — Proensa et els baros Rayn., P.O.')
Eine Änderung in dem ersten der beiden Fälle ist nicht wohl
möglich.

Der Conjectur von *Rayn.* u. *Rochgude* im Fall 88] kann
ich mich nicht anschliessen. Folgende Emendation möchte ich
statt derselben vorschlagen. *En Proens' et els sieus baros.*

89] M. d. Mont. 10,36: Mas d'Uzerca entro qu'Agen
[d'Uzerca entro AD] dun sege entro L

90] M. d. Mont 12,10: En claustra on an o dos
[claustra un DCEIR. — Rayn., P.O.

Der Hiat im Fall 89] kann nicht gehoben werden. Im
zweiten Fall 90] wird derselbe durch eine leichte Conjectur —
Hinzusetzung von *ma* zu *claustra* — getilgt. (Unser Dichter
war Vorsteher der Priorei von Motaudon, cf. Philippon's Ausgabe p. 3).

91] M. d. Mont. 5,43: Com vos dompna e tuit vostre paren
[dompna e BIRADF.

---

1) Cf. Rochegude: Le Parnasse Occitanien. Raynouard: Choix Des
Poésies Originales Des Troubadours 1816.

92] M. d. Mont. 1,21: Qu'en tal dompna ai mes mon pensamen
[dompna ai ADLOBSUP.] don E.

Im ersteren Falle liesse sich der Hiat durch Umstellung, *dompna com vos*, aus dem Verse bringen, im zweiten Falle würde derselbe durch eine leichte Conjectur — *Qu'eu en tal domn'ai mes mon pensamen* — beseitigt werden. cf. hierzu V. 25 in der nächsten Cobla: *Mas de vos domn'ai temens' e paor.* In den beiden folgenden Fällen

93] M. d. Mont. 4,38: Ab vos dompna us messagiers privatz
[domna us R] domna cus I — Bona domna us SU — message S.

94] M. d. Mont. 4,44: Qn'eu tenc vas vos domna et ab vos es
[domna et IRSU.

darf jedoch an der Ursprünglichkeit des Hiats wohl nicht gezweifelt werden. Die Varianten zu 93] sind vorstehender Lesart nicht vorzuziehen.

95] (a:a) Guir. Riq. 54,18: En Cataluenha a tria')
Cataluenha a AB.

96] Guir. Riq. 54,27: Qu'en Cataluenha atenda').

97] Guir. Riq. 10,8: Conoyssensa a tans de mestiers bos
[Conoyssensa a A] a *fehlt* B.

In allen drei Fällen ist Beseitigung des Hiats nicht gut möglich. Lesart B im dritten Fall muss als unrichtig bezeichnet werden.

98] (a:e) Guir. Riq. 50,36: E gracia en tot quan que vol far

99] Guir. Riq. 4,3: Cortezia e mesura.

Die Zweisilbigkeit der Endung *ia* findet sich schon durch die Silbenzahl gesichert[3]). In folgendenden Fällen wird bei Guir. Riq.

---

1) Nur zwei Handschriften bieten uns die Lieder unsres Dichters, A B, sie weichen aber nur gering (= C R nach Bartsch) von einander ab. Die Untersuchung ist daher betreffs der einzelnen Hiatfälle eine ziemlich schwierige, und werde ich für gewöhnlich nur in den Fällen Änderungen vornehmen, in denen mir der Vers in seiner ganzen Gestaltung unrichtig erscheint.

2) Wenn keine Varianten angegeben sind, so findet sich die betreffende Stelle in beiden Handschriften A u. B.

3) Über Silbenzahl der Endung *ia* cf. A. Tobler: Gröbers Zeitschr. II. p. 505, Bartsch: Jahrb. VII. 190, Böhmer: Rom. St. III. p. 141, Leys d'amors I. 46.

Endung *ia* ebenfalls zweisilbig gebraucht: *subst.* 30,30: Crestias el
fon sabors; 34,48: Cristias del salvador; 40,13: Cristias enantir; 42,16:
Als crestias crestats de paciensa; 43,46: Doncx gracias e merces; 45,6:
Aug repenre per folhia major; 51,1: Cristian son per Jesu Crist nommat;
51,39: Qu'en la via vera per penedensa; 53,26: Dels Cristias ditz
luenh d'amor; *Imp.* 18,29: E plasial tant le faitz de Narbona; 22,14:
El bon ab grat fasian lur valensa; 24,9: Si sol los mbia far; 30,24: Et
avian entr' elhs putz; 35,6: Qu'ieu avia malanans; 45,66: Un senhor
mieu que solia lauzar; 66,6: E dizia sospiran; — *Cond.* 8,19: Mai
valria mortz que vius; 12,13: Per que deuria chausir; 22,25: Nil farian
si non eran somos; 28,34: Me daria et ai de quel me do; 29,28: Tant
qu'en suffririn mort; 30,44: Se deurian far socors; 55,22: Tant qu'ieu
murria enuns; 55,23: Et a lieys seria dans; 55,34: Nom poyria esjauzir;
59,40: Faria savaya; 60,61: Poiriam far acordumsa: 64,44: E polriam mos
Belhs Deportz guerir; 67,9: Don volria yssir; — Einsilbigkeit der Endung
ia findet sich nur in zwei Fällen: *Imp.*25,51: Que que chantan m'aviats
dir; 31,24: Tro per ver avia comtar: — In dem ersten der beiden
vorstehenden Fälle ist Hiattilgung nicht möglich, im zweiten Falle
liesse sich der Hiat durch Vorsetzung der Conjunction E beseitigen.

100] (*a:e*) Guir. Riq. 47,59: Per tu dona esper que cobrarai.

101] Guir. Riq. 11,85: Dona estela del mon.

102] Guir. Riq. 41,50: Narbona e retenguda.

103] Guir. Riq. 52,22: E Narbona el bon rey que seguic.

Nur im Fall 102] schlage ich folgende leichte Änderung
vor *Narbon' et l'an retenguda.*

Auch in folgenden Fällen

104] Guir. Riq. 19,44: D'ira e de feunia.

105] Guir. Riq. 51,4: Tro qu'elh obret drechura e vertat
[drechura e A.] *In B ist dieses Lied nicht verzeichnet.*

106] Guir. Riq. 45,58: De drechura e pauc li fazedor.

107] Guir. Riq. 26,2: E drechura e lialtatz.

108] Guir. Riq. 54,15: E largueza et amors.

109] Guir. Riq. 49,2: E messonia enantida

muss ich mich für das Bestehenbleiben des Hiats entscheiden.

110] Guir. Riq. 29,24: Essenha e bel trobar.

111] Guir. Riq. 45,38: Ni vergonha et aviatz gran folhor.

112] Guir. Riq. 18,35: Senhor sius platz a l'arma e luec dar.

113] Guir. Riq. 26,4: E conoyssensa e merces.

Hialtilgung ist in vorstehenden Fällen, mit Ausnahme des 2ten Falles, nicht möglich. Im 2ten Falle nehme ich Dreisilbigkeit von *aviats* an und Verschleifung des auslautenden *a* bei *vergonha*.

114] C. Adjectiv fem.

Elision des auslautenden unbetonten *a* vor vocalischem Anlaut, findet sich bei Adjectiven in folgenden Fällen:

Pons d. C. 25,5: Franca gentils gaj' ab humil senblan; 4,45: Sol fin' amors nom traja; 15,27: E liautatz e fin' amors quem vens; 23,16: Tant l'am de cor lejal per fin' amor; 4,33: E granz bon' aventura; 3,6: Car ma bella dous' amia; 8,5: Vos mi ren bella dous amia; 25,4: Tant es plasens cortes' ab dits verais; — 14,21: Franqu'e gentils e d'avinen compaingna; — 3,14: E la franc' umil paria; 25,45: Valer merces e franq' umelitats. — Bert. d. B. 27,40: Dieus lur don mal' aventura; 30,15: Qu'el vol tan pres e tan bon' aventura; — 4,12: Pois vi mi donz bell' e bloja; 17,26: Pueis vi mi dons bella_e bloja; 19,29: E la paraula fon douша_et humana; 37,12: Hassa dompna qu'es fresca_e fina. — Boeth. 8,4: Cel bona_i vai qui amor ab lei pren. — P. Rog. 1,20: El folhs per mal' aventura; 1,5: Doncx es a selhs bon' amors; 9,1: Dous' amiga no'n puesc mais. -- M. d. Mont. 3,36: Pois fin' amors se metri'en amidos; 13,2: En cel per bon' aventura; — 18,20: Quan la peills es vieill' e usada; 3,15: Qu'ieu anc faillis dompna cortes' e pros; 13,51: E fant l'obr' espess' e durn. — Guir. Riq. 43,54: Honrem ab veray' amor; 14,51: Narbonam plai quar porta bon amor; 17,3: Ni bon'amors; 68,11: Per ta gran bon' aventura; 51,44: Mas fin' amors el mon gaire no cor; 50,16: Vas lieys aissi co fin' amors essenha; 28,2: E fin' amors per midons la razo; 10,14: Quar fin' amors non es ses gran temensa; 10,13: A fin'amor sia obsdiens; 23,37: Assatz sembla quel porti fin' amor; 29,27: Suy per fin' amor aclis; 48,4: Nom fa ohantar de fin' amor; — 57,8: Bell' e plasenteira; 11,31: Vos remazes fresqu'e fina.

Hialfälle finden sich in den Texten nur wenige zu verzeichnen.

115] (a:a) Pons d. C. 18,44: Francha mercen mera ab vos m'atraja
[mera ab *Unicum*, nur in a.

Conjectur berechtigt, da nur eine Handschrift den Hialfall aufweist. Das Adjectiv *mera* findet sich bei Ponz d. C. nicht weiter belegt. Folgende leichte Änderung, Setzung von *merce* statt *mera* wird den Hiat beseitigen: *Francha merces merce ab vos m'atraja.* Diese Conjectur ist um so wahrscheinlicher, da die zweimalige Setzung ein und desselben Wortes offenbar eine besondere Liebhaberei unsres Dichters ist, wie das Ganze

folgende Gedicht 19 zur Genüge zeigt, cf. bes. 19,37—45. 40:
Per qu'ab merce franh merce merceyan.

116] (*a*:*u*) Ponz d. C. 8,27: Franca humil e conoissen
[franca humil KM] franch (franc) e (et) humil RCDGPaf.

Ich ändere mit RCDGPaf in »*franch et humil e conoissen.*« —

117] (*a* :*e*) Bert. d. B. 19,37: E la colors fo fresca e rosana
[fresca e DIKFA.

118] Bert. d. B. 37,13: Coinda e gaja e mesquina
[Coinda e, gaja e ADD·IKFCEC, RM.

Im beiden Fällen bin ich nicht in der Lage eine mich
einigermassen befriedigende Änderung vorzuschlagen. Im zweiten
Fall muss schon wegen der grossen Anzahl von Handschriften,
welche den Hiat setzen auf irgend welche Conjectur verzichtet
werden.

P. Rog. In unsrem Texte finden sich keine Fälle verzeichnet, in denen beim Adjectiv fem. auf *a* vor vocal. Auslaut
der Hiat gewahrt bleibt.

119] M. d. Mont. 19,69: Domna grassa ab magre con
[grassa ab CIR.

120] M. d. Mont. 20,3: E dona franca e corteza
[franca e CE.

In beiden Fällen muss der Hiat bestehen bleiben.

Guir. Riq.: In dem ersten der beiden Fälle

121] Guir. Riq. 54,46: Vau per bona entendensa.

122] Guir. Riq. 35,16: Tant es nobla e plazens

könnte der Hiat durch Hinzusetzung des Personalpronomens
eu — *Eu vau per bon' entendensa* — gehoben werden.

123] D. Verb. Die zur Untersuchung herangezogenen Texte
zeigen Elision des auf *a* endenden Verbs vor vocalischem
Anlaut in folgenden Fällen:

Ponz d. C. *prés. ind.* III. 20,21: Selhs d'Alamanha qui parl' ab me; 19,34:
Nom guart razos que razos jutg' aussire; 9,5: Pero ges nom don' alegrier;
21,36: Honors e pretz quant s'acord' ab merce; *prés. subj.* III. 26,24:
Que si' a dieu obediens 13,43: El si' ab vos; 17.26: Dieus li met' al cor
que no m'azire; 2,83: Qu'el mon non es don pueso' aver joy gran; —
prés. ind. III. 9,31: Qu'om non chai ni abat ni fier qui no s'essai' e vos,
si proatz me poiretz saber; 22,26: Car mot fai gran folia qui trop; am'en

perdos; 19,15: l'aura s'afin' el fuec arden; 6,20: Tot me torn' en nien; 20,33: Aqui fos lai, on si sojorn' es banha; 8,47: C'ab rica fatz enans' e mante; 11,31: Qu'il chant' e ri et eu plaing e sospir; *pres. subj.* III. 11,16: Quel meiller cs, c'om puesc' el mon chausir; 25,7: Negus bos aibs c'om puosqu'en dompn' eslire; — *prés. ind.* III. 19,5: Per guaya don' ab cui trob' om guay solatz; 14,42: Midons quem mostr' orguoill; *cond.* III. 12,36: Ja no m'agr'obs fos faitz lo miradora. — Bert. d. B. *prés. ind.* III. 4,18: E cel lui dobt' aissi; 28,22: Puois quan intr' a la fredor; 13,12: Mal sembla_Arnaut lo marques de Bellanda; *prés. subj.* III. 23,7: Et er obs que si' atendut; 7,43: E ja thezaur vielh no vuelh' amassar; 15,12: Quem don s'amor nim retenha_al colgar; 15,45: E renhas breus qu'om no puosc' alonguar; 45,31: Sel que sapch' amar; *prés. subj.* l. 20,35: Cum puesca_aver cairels e dartz; *cond.* lll. 17,28: Lai for' ab vos; — *prés. ind.* III. 3,15: E de pretz si cura_es lava; 13,29: Tol lor chastels e derroca_et abranda; 29,36: E leva_en aut e puois aval jos tomba; 13,28: Noncais fai el ans asetga_els aranda; *imp. ind.* III. 26,44: Que totz lo mons vos avia_elescut; 3,35: E sai tollia_e donava *prés. subj.* I. 13,2: Tal talan ai que diga_e que l'ospanda; *prés. subj.* III. 26,14: Quel meta en luoc Sain Johan; 39,12: E queis meta_en la via; 3,18: Remanha_el mazans; 41,39: El fassa_estar ab hondras companhos; *imp.* III. 6,44: Ves lo rei queus soli' onrat tener; *prés. subj.* III. 44,44: Tan quei puoso' om gitar ab mal; *cond.* III. 5,29: E mainadier escars deuria_bom pendre; 19,1: Ges de disnar fora_oimais maitis. — Boeth. *imp. ind.* l. 3,23: E tem soli' eu a toz dias fiar; 3,26: Los savis omes an soli' adornar; *subj. prés.* III. 8,1: Es evers deu non fas' amendament; *prés. subj.* I.: Que so esperen que fazs_a lor talen; *imp. ind.* III. 1,23: Auvent la gent fasia_en so sermo. — P. Rog. *prés. ind.* III. 7,4: Mas l'iram pam' al bon conort; 7,42: A selb que l'esgard' ab dreit huelh; 6,5: Si parl' ab lieys un mot; *prés. subj.* L 2,54: Als dias qu'ay' a viure; *cond.* III. 2,43: Que mais n'auria_ab merce; 3,47: Fait m'agr'amors honor tan gran; — *prés. ind.* III. 2,58: Mos cors nis mand' ancire; — *prés. ind.* III. 2,5: Qu'amors me capdelh' em te; 2,31: Qu'a mis denh' escondire; 5,6: Tot l'als qu'om fai abaiss' e sordey' e dechay; 5,84: Que tot torn' en jay; *prés. subj.* III. 8,27: E tolha_e do si cum s'eschay; *cond.* L.: Cossi poiri' ieu ren mal dir; 9,25: Sans e mals fora eu guerits; — *prés. subj.* III. 1,26: Pauca plags lur en sia_honora: 4,12: Que nol puesc' hom mal dir; *cond.* III. 4,52: Que totz lo mons li deuri' obesir. — etc. — M. d. Mont. *prés. ind.* III. 3,1: Aissi com cel qu'om men' al jutjamen; 4,57: Se daur' ab vos e a mais de plazen; *imp. ind.* III. 14,11: Car qui ben voli' albergar; *cond.* I. u. III. 4,36: Car per totz temps n'estari' ab merces; 10,59: Ben a trent' ans que for' albans; 4,32: Quar ben petit de ben for' a mi grans; — *prés. ind.* III. 5,3: Ab son seignor ans car lo raub' el pren; 16,24: M'enuej' et hom trop cobeitos; 16,28: M'ennej' et hom

trop retenens; 16,10; M'enuej' e rica desconoissens; 16,7: M'enuej' e de
paubres presens; 5,24: Tal ren per qu'om lo torn' en preisonatge; 19,6:
Joves hom quan trop port' escut; 10,63: A Bragairac on compr' e ven;
imp. ind. I. 5,26: Qu'ieu er' estortz d'afan e de foillia; *prés. subj.* III.
Qu' om no'n puosc' el mon ges trobar; *cond.* I u. III. 1,23: A nuill maltrait
nom tengr' ieu la dolor; 3,36: Pois fin' amors se metri' en amdos; 12,47:
Proi agr' enquer Turcs felos; *part. passé fem.* 19,29: E carns quant es
mal coit' e dura; — *cond.* I. 4,33: El gran benfait penri' en eissamen;
— *cond.* I. 3,52: Ab sol aitan for' ieu gais e cortes; 1,24: Que jam
vengues d'autra nin for' iratz; — *prés. ind.* III. 19,42: Quan cel que
lav' olla enquer; *imp. ind.* III. 11,50: Que non er' obra d'araigna; *subj.*
prés. 7,59: Mi voill' onrar vostre gens cors chausitz. — etc. — Guir. Riq. *prés.*
subj. I. 29,48: De cor e s'ieu venh' al port; — *prés. subj.* III. 31,35:
Per que de dieu si' aisitz; — *prés. subj.* I. 31,38: Sol que per lui si'
uuzitz; *cond.* I. 57,53: Tropa for' aunida; — *prés. ind.* III. 6,32: Sol
layss' erguelh et apres merce pren; *imp. ind.* I. 34,20: Don cujav' esser
tensos; *prés. subj.* III. 31,34: Sol que non si' escarnitz; 43,20: Que sapch'
esquivar sos dans.

Fälle von Hiat finden sich in unsren Texten folgende
verzeichnet.

124] (*a*:*a*) Pons d. C. 17,39: E no sai cum puesca aver
[puesca aver CR.

Die beiden Handschriften, welche vorstehenden Hiat aufweisen, bilden in der Gruppirung sämmtlicher Handschriften
eine gemeinschaftliche Klasse. Daher Conjectur berechtigt.
Folgende leichte Änderung lässt den Hiat verschwinden: Et eu
no sai cum puesc' aver. cf. im selben Gedichte V. 15: Aissi cum ieu
sai finamen; 13,26: Qu' eu sai non puosc los bes guizardonar; 6,41:
genser qu'ieu sai; ferner 13,35. 21,35. 26,6.

125] (*u*:*c*) Pons. d. C. 27,16: S'a lei non platz qu'entenda en s'amor
[entenda en CDIK.

126] Pons d. C. 13,31: E sans Ioans nos vailla eissamen
[vailla eissamen ACIKai — vailla nos M.

Beide Hiate lassen sich durch eine leichte Conjectur beseitigen.
Im ersten Falle wird der Hiat durch Hinzufügung des Personalpronomens gehoben: *S'a lei non platz qu'ieu entend'en s'amor*;
im zweiten Falle bringt Umstellung von *nos vailla* — cf. V. 30.
in der vorhergehenden Cobla, *e vailla nos la soa dousa maire*,
— den Hiat aus dem Verse.

127] Ponz d. C. 24,6: Pois morta es ma domna N'Azalais
morta es ABCDIKMTa b.

Da sämmtliche 10 Handschriften den Hiat bestehen lassen, so
darf derselbe durch Umstellung nicht beseitigt werden. Man kann
ihm eine gewisse Berechtigung zuertheilen, da der Vortragende
auf das Wort *morta* jedenfalls einen besonderen Ton legte
(das Gedicht ist ein *Planh* auf den Tod der Geliebten).

128] (a : o) Ponz d. C. 24,39: Qu' auzit ai dire e troba hom legen
[troba hom legen (legem I) IK] trobam o (ho C) legè CR.

Lesart CR kann als Emendation vorgeschlagen werden. —
Aus obigem ersieht man, dass mit Ausnahme von 127] das
auf *a* auslautende Verb bei Ponz d. C. in allen Fällen vor
vocalischem Anlaut Elision erleidet.

129] (a : a) Bert. d. B. I, 3: Mi dona ardimen amors
[mi dona ardimen ABDIKGFD, N] don ardimen mi M.

130] Bert. d. B. 15,39: Que tot ausel puosca apoderar
[puosca apoderar ABDIKCF] puosca assher sobrar T.

Der Hiat muss in beiden Fällen bestehen bleiben, da derselbe
fast von allen Handschriften geboten wird. ' Die abweichenden
Varianten von M ünd T sind zu irgend welcher Änderung nicht
zu verwenden.

131] (a : as) Bert. d. B. 8,50: Non feira aital barganha
[feira aital] DIKFA.

132] Bert. d. B. 45,7: Tanz non pogra aiga negar
[pogra aiga IKd.

In dem ersteren Falle ist eine Beseitigung des Hiats
ungeachtet der wenigen Handschriften, die zu irgend welcher
Conjectur wohl berechtigen, nicht möglich; im zweiten Falle
liesse sich durch eine leichte Änderung, durch Umstellung der
einzelnen Satztheile, der Hiat heben. *Aiga non pogra tans
negar*. Reimann setzt statt des Singulars *aiga* den Plural *aigas*,
eine Änderung, die etwas gewagt erscheint, da *aiga* nicht
leicht im Plural gebraucht wird.

133] (a : e) Bert. d. B. 10,24: Es acolh dona e rete
[dona G] domna e FIKd.

134] Bert. d. B. 28,23: L'ardits torna en paor
[l'ardits torna ADUV] tornan l'ardit B. torna l'ardits CT.

8*

Die Lesarten FIKd des Falls 133] zeigen einen gemeinschaftlichen Fehler, nur Lesart G giebt das richtigere *dona*. Durch eine leichte Änderung — *Es acols e don' e rete* — wird der Hiat getilgt. Im zweiten Falle 134] darf Lesart CT zur Emendation vorgeschlagen werden.

In den folgenden Fällen muss der Hiat bestehen bleiben:

135] Bert. d. B. 31,1: Pois als baros enoja e lur pesa
[als baros enoja DIK ABF] li baron son irat CR. — Pois als barons vei que nuia e pesa UV.

136] Bert. d. B. 28,9: Quels agusa els esmol
[agusa ADIKCFBUV.

137] Bert. d. B. 28,37: Tal ques lausa en chantan
[tal ques lausa ADIKCBUV] cui lausa trop T.

138] Bert. d. B. 40,24: Que la laissa e non la vol tener
[laissa e CR.

Durch irgend welche Änderung eine Tilgung der vorstehenden Fälle herbeizuführen, wäre schon wegen der vielen Handschriften, welche sich für Beibehaltung des Hiats erklären, wenig zu empfehlen.

139] Bert. d. B. 42,17: Al comte dic non aja espaven
[aja espaven CER.

Vorstehende Handschriften CER gehören ein und demselben Typus an und unterscheiden sich von einander nur in sehr unbedeutender Weise. Da also gleichsam nur eine Handschrift vorliegt, so ist Conjectur berechtigt. Durch Verbindung von Haupt- und Nebensatz durch *que* wird der Hiat beseitigt. cf. hierzu 4,34. 11,56. 36,21. II, 41.

140] Bert. d. B. 80,5: Quar presa es la vera crotz el reis
[presa es D.FIKd.

141] Bert. d. B. 36,19: Et arsa et abrasada
[et arsa et DIK MA] ni man ma terr C.

142] Bert. d. B. 36,41: O fraicha en l'un cartier
[fraicha DIKACM.

In den beiden ersten Fällen lässt sich der Hiat beseitigen; im ersten Fall durch Umstellung von *presa es*, im zweiten Fall durch Hinzufügung von *Tant* vor *arsa*. In den beiden Fällen:

143] (*a* : *u*) Bert. d. B. 24,27: Que quius sona un mot o dos
   [*Unicum in* M.

144] Bert. d. B. 31,21 : Sil fieu d'Angieu li merma una tesa
   [merma una DIKFUVCERAB· — tesa] crestesa AB.

kann Beseitigung des Hiats durch durch irgend welche Änderung
nicht wohl vorgenommen werden. Die Beweiskraft des Falls
143] dürfte freilich, da er nur in einer Handschrift überliefert
ist, eine ziemlich geringe sein.

145] (*a* : *u*) P. Rog. 2,35: Que s'el n' avia un' aital
   [avia CR] n'agues (nages DM) AIKDM aital ACDIKM] artal N atertal R.

Der Hiat kann keine Änderung erfahren.

146] (*u* : *e*) M. d. Mont. 10,65: El s'en torna en Narbones
   [torna en A] s'en vai puois DL — Rayn.

Lesart DL, der sich auch Rayn. angeschlossen, wird in
den Text aufzunehmen sein.

Als gesichert kann man den Hiat in folgenden Fällen be-
trachten:

147] M. d. Mont. 1,17: Qu'ins en mon cor s'en entra e s'enpren
   [entra e ADLOBESUP.

148] M. d. Mont. 2,2: Que non auza escoutar jutjamen
   [auza escoutar C.

149] M. d. Mont. 16,11: Qui cuja esser entendens
   [cuja esser CE.

150] M. d. Mont. 17,5: E que mata en son ostal
   [mata en C.

151] M. d. Mont. 19,4: M'enoja e cavals que tire
   [m'enoja e CIR.

152] M. d. M. 10,26: M'enoja e d'orp atresi
   [m'enoja e CIR.

153] M. d. Mont. 19,36: M'enoja e maldir de dats
   [m'enoja e (el) CIR.

154] M. d. Mont. 19,62: M'enoja em fai peitz de mort
   m'enoja em CR] V. 61—63 Aquel enois mes peiz de mort.

Im Fall 152] tilgt Reimann (cf. p. 10) den Hiat, indem
er für die persönliche Form *m'enoja* die unpersönliche *enojam*
einsetzt. Meiner Ansicht nach ist die persönliche Form *m'enoja*
die allein berechtigte, da sie in unsrem Liede mit Ausnahme

einiger Fälle überall da gesetzt wird, wo der Verdrussgegenstand ihr vorausgeht (cf. 19,3. 36. 62). Die unpersönliche Form *enojam* tritt dagegen in allen Fällen auf, in denen das Verdrussobject dem Verb folgt (cf. 19,5.14.19.23.28.32.37.41.48.47 etc.).

155] M. d. Mont. 10,70: Mas car ouidava esser pros
[cuidava esser ADL — Rayn.
Tilgung des Hiats nicht wohl möglich.
Guir. Riq. Fast in allen Fällen muss der Hiat bestehen bleiben.

156] (a:a) Guir. Riq. 36,26: Qu'el nos esta aparelhatz
157] Guir. Riq. 66,22: Era ab semblan de plor
[era ab A.
158] (a:e) Guir. Riq. 89,25: Qu'ilh dona e no ven.
159] Guir. Riq. 45,20: Qui so passa e trop pus qui o ditz.
160] Guir. Riq. 28,34: Me daria et ai de quel me do
161] Guir. Riq. 60,41: Non auria é ma vida.
162] Guir. Riq. 55,34: Nom poiria esjausir.
163] Guir. Riq. 55,32: Tant qu'ieu murria enans.
164] Guir. Riq. 65,9: Qu'est breu doble fassa e si li platz
[fassa e A.
165] Guir. Riq. 22,36: Per que totz hom que voelha esser pros.
166] Guir. Riq. 14,45: Sim pueecs hom encolpar de follor.
167] Guir. Riq. 11,17: E temsnda et amada.
168] (a:i) Guir. Riq. 67,9: Don volria ymir.
169] Guir. Riq. 55,4: Bel fera ymir a port.
170] (a:o) Guir. Riq. 7,83: Sim val om notz om sans o m'escoria.
171] Guir. Riq. 13,65: Agra ope qu' emana foa.
172] Guir. Riq. 10,13: A fin' amor sia obediens.
173] (a:u) Guir. Riq. 56,9: Tans senhors ai 'qu'en degra un trobar
[degra un A.

In allen vorstehenden Fällen ist eine Beseitigung des Hiats durch irgend welche Conjectur nicht angänglich.

E. Pronom. pers.

174] 1. **Elha.** *Elision findet sich in zwei Fällen*: P. Rog. 4,33: El' o fara. — e quoras? — erasse. — Boeth. 6,1: Ella ab Boeci parlet ta dolzament.

Daneben finde ich andre zwei Belege, in denen der auslautende Vocal in *elha* gesichert erscheint. Diese Fälle

175] Bert. d. B. 39,4: Pois ella o volia
[ella o AD IK.

176] Guir. Riq. 67,31: Elha es per dever
[Elha es A.

sind nicht wohl zu beseitigen, wenn auch die wenigen Handschriften, die obige Hiate aufweisen, zu einer Conjectur wohl
berechtigen könnten.

Vokal e.

Elision des auslautenden *e* vor vocalischem Anlaut zeigen
unsre Texte in folgenden Fällen:

177] A. Substantiv. Entsprechend den wenigen Substantiven,
die ein stummes *e* im Provenzalischen aufweisen, finden sich
auch nur wenige Belege für Elision.

Pons d. C. 24,16: L'arma rendetz main Peir' e sain Johan; 26,1: En honor
del pair' en cui es. — Bert. d. B. 15,40: Sinh' e grua et aigron;
4,11: Li comt' elh duc elh rei e li princi; 13,10: De liurason a comte
et a garanda; 15,29: Motg' e sirven e gaitas e portier; 19,18: D'aut
paratge_e de rejau. — Boeth. u. P. Rog. *keine Belege.* — M. d. Mont.
17,10: E de vieill hom' avol arquier; 4,42: Qu'eu vos tramis un 'messatg'
avinen; 10,46: Pois la lebr' ab lo bou casset; 10,1: Pois Peire d'Alvergn'
a chantat; — 2,46: Et om' ausan mais de neguna gen; 17,11: Et hom'
estar sobre taulier; 14ᵇ,36: Dunc venc saintz Peir' e saintz Laurentz. —
Guir. Riq. 56,25: En cort del comt' Enric a son levar; 18,6: Del vescomt'
En Amalric mo senhor; 11,41: Don etz sa mair' e sa filla; 11,83: Mair',
en pregatz, tost er sana.

Wirkliche Abweichungen sowohl wie auch scheinbare finde
ich bei Bert. d. B., M. d. Mont. und Guir. Riq.

178] (e:a) Bert. d. B. 8,5: Aise ab pauc de companha
[aize ab ADIK] sollas e F.

179] (e:e) Bert. d. B. 6,23: Quar per esfortz son maint home estort
[home estort (esfort d) IKdDc.

Die Lesart F im ersten Fall tilgt allerdings den Hiat, ist
aber nicht gut zu verwenden, da sie allein steht und namentlich
in den Anfangsversen des Gedichtes allzu sehr von den übrigen
Handschriften abweicht. Jedoch ist Conjectur berechtigt, da von

den 4 Handschriften, welche obige Lesart aufweisen, DIK eng zusammengehören. Setzung der Conjunction *et* vor *aise* — *et ais' ab pauc de companha* — lässt den Hiat verschwinden. Auch der zweite Fall wird durch Umstellung von *son* — *maint home* leicht erledigt.

180] Bert. d. B. 34,53: A ´mon fraire en ren grats e merces [fraire en MIKDA] fraire tenrai C fraire refer F. — en ren grats e merces] sai grait e fas merces F.

181] Bert. d. B. I, 26: Guilelme e far ric socors Guilelme e (el) ABDGD.N] guillelm F guillems IK.

Die Ueberlieferung des Gedichts, welches obigen Fall 180] aufweist, ist lückenhaft. Vollständig findet sich das Gedicht nur in C, in den übrigen Handschriften fehlt bald die eine bald die andre Cobla. Ebenso zeigen die Abweichungen der einzelnen Handschriften die Fehlerhaftigkeit derselben. Lesart C darf nach Berichtigung eines kleinen Fehlers, als die ursprüngliche Lesart angesehen werden: *A mon fraire rendrai grats e merces*. — *Tenrai grats* (C) ist fehlerhaft, da der Ausdruck »Dank darbringen« sonst entweder mit *rendre grats* oder *far grats* wiedergegeben wird. — Der zweite Fall 181] muss dagegen bestehen bleiben.

182] (*e:au*) Bert. d. B. 32,54: Don es sos linhatge aunitz [linhatge IK] lignatges ABCDEF.

Lesart ABCDEF ist unrichtig, da die Wörter auf *atge* in der Blüteperiode des Provenzalischen entschieden Flexionslosigkeit aufweisen (of. hierüber die Untersuchung von Theodor Loos: Die Nominalflexion im Provenzalischen pag. 24 ff.). Die Ursprünglichkeit des obigen Hiatfalls kann also wohl nicht bezweifelt werden.

183] (*e:o*) M. d. Mont. 19,18: Pebre o d'estar al foguier [pebre o IR] pebre e C — Pebre o de tastar sabrer I.

Der Hiat muss im vorstehenden Fall beibehalten werden. Lesart I würde nach Hinzufügung des Artikels *lo* zu *sabrer* den Hiat vermeiden; (cf. Reimann pag. 10 Anmk.) jedoch scheint mir die vorstehende durch CR gegebene Lesart, was den Sinn anbetrifft, die richtigere zu sein.

184] (e:a) Guir. Riq. 62,97: Al pro comte agensa
[comte agensa A.
185] (e:e) Guir. Riq. 9,9: Lo nombre el als gardat.
In beiden Fällen ist eine Tilgung des Hiats nicht möglich.
186] B. Adjectiv. Belege für Elision des Endvokals e beim
Adjectiv finde ich nur bei P. Rog. u. M. d. Mont. — P. Rog. 3,22:
A guiza de paubr' ergulhoz. — M. d. Mont. 10,42: E veil ades paubr' e
sufren; 10,50: Que totz temps es de paupr' escuoill.
Fast in allen Texten zeigen sich Fälle von Hiat, die nur
zum Theil Berichtigung erfahren können.
187] (e:e) Bert. d. B. 10,44: Paubre e ric segon poder
[paubre e GIKdF.
188] (e:e) P. Rog. 7,28: Tornam a doble en deport
[doble en EDIK] Tornab la doussor A. Mas ab (par R)
lo be torn CR.
Durch Setzung der Conjunction e vor paubre zur besseren
Hervorhebung jener beiden Begriffe findet der Fall 187] seine
Erledigung. Die abweichenden Lesarten A u. CR im zweiten
Fall sind, da sie allein stehen, nicht gut zur Richtigstellung
verwendbar. Jedoch wird auch hier durch eine leichte Änderung
— Umstellung von tornam a doble — der Hiat gehoben.
In den beiden Fällen, die sich im Boeth. zeigen, scheint
der Hiat gesichert.
189] Boeth. 1,1: Nos jove omne quandius que nos estan
[jove omne Ms. P.M. Diez.
190] Boeth. 1,7: Nos jove omne menam ta mal jovent
[jove omne Ms. — P. M. Diez.
Zu beiden vorstehenden Fällen vgl. die Untersuchung in
§ 22. Die epische Caesur muss danach bewahrt bleiben.
Beseitigung der beiden Hiatfälle ist also nicht möglich.
191] C. Verb. Unbetontem auslautenden e begegnen wir bei den
Verben der 1 schwachen Conjugation im subj. I u. III und bei
denen der II. schwachen Conjugation im Infinitiv. Fälle, in denen
dieses e vor anlautendem Vokal schwindet, finde ich folgende:
Ponz d. C. inf. 24,13: Viur' apres lei reis perdonail Jhesus; — 11,24:
Qu'enaissim fai s'amors viur' e morir; 26,22: E qui non se vol trair'

enan; 13,11: Qu'el si laisset batr' e ferir; — 16,14: Fasaam viur' o morir.
— Bert. d. B. *inf.* 42,8: A Monpeslier li ouget tolr' antan; 44,31: Que
cuizava metr' a issart; 40,14: Et ab busacx metr' austors en soan; —
39,37: Mais am rire_e gabar; 6,33: Pats volb onrar noirir e traire_en
sus; 22,11: Quar de guerra vei traire_enan: 25,16: Lo perdr' er grans el
gasanhs er sobrier; 43,8: No i es uns nol posouts tondr' e raire; 25,7:
Metr' e donar e non vol sa fiansa; 21,77: De prometre_e de dar; — *prés.*
subj. III. 44,50: Baron deus vos salv' e vos gart; 10,43: E qui pros er
esforss' en se; — Boeth. *inf.* 2,32: Fes sos mes segre ails fes metre_e
preso; 1,3: Quar no nos membra per cui viuri_esperam. — P. Rog. *inf.*
7,3: E joys mi fai rir' e bordir; 6,18: Qu' aissim suy sauputs trair' enan;
1,8; Bos druts non deu creir' auctors; 6,54: Sufr'en pats. — M. d. Mont.
inf. 1,31: Que quand ieu cuit querr' autra quem plagues. — Guir. Riq.
prés. subj. III. 51,50: Sit plai ab luy qu'elh nos guid' en s'amor. — *inf.*
50,19: Entendr' en leys si de lieys nom venia.

Scheinbare und wirkliche Abweichungen finden sich folgende:

192] *(e:a)* Bert. d. B. 12,32: Vuolh quem done ad estros
[done ad estros *Conjectur Stimmings*] done ad estors AB done a
estors DIK do dellas faisos F. (*cf.* V. 42).

Sämmtliche Handschriften enthalten das unrichtige *estors*,
welches durch die Besserung des Herausgebers rectificirt wird.
Durch eine leichte Conjectur, durch Hinzufügung des Personalpronomens *elha* zum Verb, — *Vuolh qu'elh me don'ad estros*
— wird der Hiat gehoben.

193] *(e:ai)* M. d. Mont. 2,17: Quill nol honre aitan si dieus mi sal
[honre aitan C.

194] *(e:a)* Guir. Riq. 53,43: Done a sas obras lugor
[done a A.

195] Guir. Riq. 47,58: Quens endresse al regne seu sanct gay.

In allen drei Fällen ist Tilgung des Endvokals beim subj.
III. nicht wohl möglich.

Die Gedichte des M. d. Mont. und Guir. Riq. weisen mehrere
Fälle auf, in denen das unbetonte *e* der Infinitivendung vor
anlautendem Vocal gesichert erscheint:

196] M. d. Mont. 11,6: Sil ver dire en sofers
[dire en ADKR] Si tu ver dir en (direm C) sofers CI.

197] M. d. Mont. 15,30: De tot mon amic segre e valer
[segre e C.

Im ersten Fall schlage ich die Lesart Cl zur Emendation vor.
Der Hiat im zweiten Fall muss zugelassen werden.

198] Guir. Riq. 54,7: E puesc n'apenre assatz.
199] Guir. Riq. 46,3: Per penre honramens.
200] Guir. Riq. 66,5: Panre anava pessius
 [penre anava A.
201] Guir. Riq. 55,2: Faire ab mon belh deport.
202] Guir. Riq. 54,47: Querre e trobar cochos.

In allen diesen Fällen ist Beseitigung des Hiats durch irgend
welche Änderung wenig zu empfehlen.

203] D. Relativpronomen *que qui* u. Conjunction *que*. Ich
halte es für zweckmässig, mit dem Relativpronomen *que qui*
zugleich, wenn auch gesondert, diejenigen Fälle zu behandeln,
in denen *que* nicht als Pronomen sondern als Conjunction
auftritt. Ich führe, wie ich schon an andrer Stelle gethan,
auch hier nicht alle Belege auf, sondern gebe nur eine Auswahl
derselben, welche bei der Fülle des mir gebotenen Materials
noch immerhin gross genug ausfällt.

Pons d. C.: que qui *Relativpronomen*; 15,23: Ni miels fassa so c'a bon
prets cove; 3,13: El solatz c'ab leis avia; 8,47: C'ab rics fatz enans' e
maste; 7,80: De nulh' autra qu'anc dieus fezes; — 4,52: Qel dans
qu'ai pres m'esglaje; 17,2: Dei far miels so qu'ai en talan; 26,10: Dels
mortals failliment qu'ai faits en dig ni en pensan; 18,45: Quel jois q'ai
tant dezirat me n'eschaja; — 27,37: La gensor eui ador qu'es caps de
prets; 15,12: Vostre cors qu'es tan cars e tan bos; 1,40: Et ab tot cho
q'es bel et avinen; 26,62: Gloriosa en eui es merces e qu'etz vera virgini-
tats; 4,80: Dompna gentil qu'enansa son valen pretz; — 9,34: Lo comjat
qu'eu pris tan coitos; 23,9: Non planc l'afan qu'eu trac ni la dolor; 3,8:
Lo mal qu'ieu sen; 20,30: L'amor qu'ieu l'ai; 6,41: Gensor qu'ieu sai;
4,13: Sil ferm voler qu'ieu ai; — 25,7: Negus bos aips c'om puosqu' en
donspn' eslire; 11,16: Quel meiller es c'om puesqu'el mon chausir; 27,5:
Li ben c'om po chausir; 18,1: So c'om plus vol e plus es volontos; 25,27:
Que dis c'aiso c'om plus vol es foudats.

que *Conjunction*; 22,16: C'amors vol c'om semen los autrui tortz; 5,7:
Car ben sai q'amors m'es vengan mi danz o pros; 23,2: C'amors es caps
de trestots autres bes; 8,12: Qu'amors m'a en vostra preso; 4,50: Tan
tem qu'amor no m'aja; 1,17: Q'avols vida val pauc; 27,57: Que peichs
m'esta c'a nuill autr' amador; 22,39: Mas c'a las meillors cen; 3,12: Ab
mai de joy qu'aver no snelh; 27,43: Mas tant o'am joven; 24,29: Qu'anc

dieus no fetz el mon tan avinen; 24,9: Qu'anc no pogues meillor domna ausire; 3,29: Qu'ans qu'eu la vis; 1,39: C'ab gent garnir podem aver honor; 15,19: C'ab vos son fadas las plus conoissens; 20,13: Nolh qual temer qu'ab nulh' autra remanhs; 24,24: Ara podem saber q'ab nos s'irais nostre seingnor; 18,43: Tal perdo q'aprop ma dolor francha merces ab vos m'atraja; 25,16: C'ades consir quant valetz et albire. — 24,39: Q'auzit ai dir e troba hom legen. — 6,16: Per c'ai faich; 25,34: Per c'ai dreg quem n' azire; 8,22: C'aitals compaingnia me plats; 26,59: Sapchatz o'aital perdon auran. — 27.16: S'a lei non plats qu'entenda en s'amor: 12,9: Aiso mi eu qu'es dans; 13,7: Que sel seingnor anem servir qu'el nos fes veramen; 2,33: Qu'el mon non es don puesc'aver joy gran. — 3,45: Per qu'eu si totz temps vivia lo bais non oblidaria; 3,29: Qu'ans qu'eu la vis; 3,37: Car cil m'a dit qu'eu teingna ma via; 1,8: Q'eu non teing ges lo plus ric per manen; 3,3: Per qu'ieu non posc avenir; 4,49: Lais qu'ieu no l'aus veser; 12,17: Perdre nom pot per tal qu'ieu am aillors. — 26,16: Peire cui dieus promes: Qu'eu cel et en terra pognes solver chascun; 15,21: Qu'en tan quan soleis raja; 21,10: Per q'ai respeig q'enqueras mi atraja; 20,12: Qu'enaissim ten amors en sa bailia. — 11,39: Qu'il chant e ri; 14,24: Qu'il fai semblan; 18,21: Dizon tuit q'il es veramen. — 11,10: Et es rasos … c'om los meillors am; 22,16: C'amors vol c'om esmen los autrui tortz; 9,1: Miels c'om no pot dir. — 26,4: Meinz a o'us paubres despoillatz; 18,29: Q'uns francs esgartz.

Bert. d. B. que qui *Relativpronomen*; 5,34: qu'al leos qu'a ren venenda non es maus; 18,42: Al comte qu'a nom n'Ugos: 23,37: Lo reis qu'a Tarascon perdut; 31,2: D'uquesta pats qu'ant faicha li doi rei; 33,23: Ab sa grand cet qu'atrai e que amassa; 10,18: Tot so qu'a bon pres; 41,19: As tout al mon qu'anc fos de nulha gent; 41,24: Mant autre enojos qu'anc non feron als pros mas dol et ira; 44,2: Ai fait qu'anc nom costet un alh; 4,41: Ab autres reis qu'ab tal esfortz venran; 34,38: E tuit aisel qu' ab vos s' eron enpres. — 12,9: Que valha vos qu'ai perduda. — 38,5: Elh rossinholet c'auch braire; 42,3: Qu'ieu non digna so qu'aug dir entre nos. — 6,19: E tu qu'estas; 37,12: Dompna qu'es fresca_e fina; 29,40: Per que mos jois qu'era floritz bisesta: 12,39: La dompna Tristan qu'en fon per totz mentauguda; 45,10: So qu'en chantan m'ausetz contar; 36,40: Proesa acabada qu'el mieich luoc non sia oscada; 9,50: Per la genssor qu'el mon aia. — 21,6: Autafort qu'eu ai rendut; 31,40: E valgra mais per la fe qu'ieu vos dei; 34,3: Per la dousor qu'ieu sent al torn de l'an. — 19,14: E la genssor c'om mentau; 10,37: Quel melhs qu'om puosc'el mon eslire: 10,15: Lo bes qu'om pot en lei veser. — 14,36: Ses comjat qu'us no'n prendia.

que *Conjunction*; 9,49: Doncs beis tanh c'amors m'aucia; 12,73: C'amors es desconoguda; 30,18: Tant ama pres qu'ambedos los rete; 4,49: Mas ben es ver qu'a tal dompnam coman; 19,16: Qu'a las autras mi fai brau;

29,19: Si qu'a Roam intres per forssa_el parc; 31,46: E digas li qu'a
tal dompna soplei; 48,15: tro qu'a la ciutat; 36,39: C'aja proessa acabada;
24,18: Fas semblan qu'ajas coralhs; 8,24: Tan tem qu'avers li sofranha;
36,18: Pois qu'ant ma terra_adermada; 10,30: Qu'anc de sos olhz no vi
gensor; 16,14: Qu'anc uns no'n passet la lats; 8,13: Si volon c'ab lor
remanha; 10,19: Qu'ab son joi fai los irats; 20,48: Ans c'ab mi plaidei;
7,44. 33,15. 10,12: Qu'araus es vengutz melha de be; 29,8: Si c'apres nos
en chant hom de la gesta; 24,65: C'ades mi son avar tuit ciat baro; 30,19:
Aras sai eu qu'adreita vol esser reis. — 1, 45: C'aissi oum aors val mais
d'estanh; 19,7: C'aitan volgra, volgues mon pro na Lana; 24,43: Vuelh
qu'aujal sirventes de vos; 42,39: Qu'autra non vuelh ni'n blan; 24,9:
Qu'autr'om en seria_enujos. — 30,15: Qu'el vol tan pretz; 20,42: Mos
parsoniers es tant galhartz qu'el vol la terra mos enfans: 32,21: Qu'el
non a sonh unas que s'engrais; 10,17: Qu'ella sap tan gen far e dire;
24,47: Per qu'es fols qui los vos balha; 36,25: Qu'es la patz en l'encontrada; 8,37: Pois qu'er vengutz d'Alamanha; 2,44: Qu'eu sai ben qu'en
lui non resta la gerra: 9,57: Qu'en lieis es la senboria; 14,76: De
Burcx tro qu'eu Alamanha; 25,2. 40,41. — 38,41: Per qu'eu no lur sui
aizitz; 33,5: M'es bel qu'ieu chant e qu'ieu m'entenda: 28,43: M'es bel
qu'ieu la repti; 24,15: Qu'ieus apellava psoruc; 35,13: Per qu'es dregs
qu'eu l'en reprenda; 14,39: Qu'entre Franssa; 6,5: Qu'entrels maritz non
es massa solatz; 10,9: Qu'enves me nos pot escondire; 18,35: Qu'enanz
que passes lo pas. — 11,48: Qu'il fant plaidei mantas vetz; 12,38: Qu'
Iseutz la dompna Tristan. — 28,38: El vol mais deniers c'onor; 2,41: E
ja antro qu'om si eslais non er sos pretz fins; 10,29: Qu'om no la ve qui
non consire; 11,49: Maintas vetz c'om nols n'a prejatz; 15,3: Per merceus
prec qu'om non puosca mesclar; 11,17: C'oimais lo tenran per senhor. —
8,40: Tan engals c'us no s'en planha: 29,35: E oor plus fort qu'una
sajeta d'arc; II, 63: Enans c'usquecs nous gerrejatz.

Boeth. que qui *Relativpronomen*; 4,2: Per be qu'a fait deus assa part
lo te; 5,9: Bos cristians qui_a tal eschalas te; 5,2: De quals es l'om qui_a
ferma schalas te; 4,43: Cel nos es bos que_a frebla scalas te; 6,35: Zo
sun bon omne qui_un redeme lor peccaz. — 5,13: Zo signifiga la vita
qui_en ter' es; 5,7: E santum spiritum qui_e bos omes descend.

Que *Conjunction* 4,37: Qu'el era coms; 3,6: Qu'el trametia los breus
ultra la mar; 2,6: No ouid qu'e Roma om de so saber fos; 5,27: Qu'ella
de tot no vea.

P. Rog. que qui *Relativpronomen*; 5,7: Mas so qu'amors e joys soste;
8,16: En aisso qu'ara comensatz; 2,45: Sel qu'ab erguelh vol viure;
6,26: E dolors qu'ay de lieys tan gran. — 3,37: Fe qu'ieu li dey;
2,11: De so qu'ieu plus desire.

Que *Conjunction*; 2,5: Qu'amors me capdelh' em te; 1,22: Qu'amors vol
tals amadors; 8,49: Qu'a dreg los auretz ambedos; 2,18: Tal qu'a penas

Die Cobla, in welcher der Vers sich befindet, wird nur von vorstehenden Handschriften geboten, während sie in 7 andren Handschriften ABDMFab fehlt. Dessen ungeachtet ist eine Änderung des Verses nicht wohl möglich. Umstellung von *anc* und *no fo* würde *que* von *anc* trennen, mit dem es sich gerne verbindet.

206] Pons d. C. 18,7: Qui ama sens cor trichador
    [Qui ama D. a.
Ob wohl nur zwei Handschriften vorliegen, so kann doch nicht an der Ursprünglichkeit des Hiats gezweifelt werden. Die Setzung von *qui* statt *que* ist rein graphischer Art und setzt sonst der Elision kein Hinderniss in den Weg, wie Belege aus Boeth., cf. p. 47, zeigen.

207] (e:au) Pons d. C. 24,30: Qui aura mais tan bel captenemen
    [qui aura mais DIKR] q'il avia tel a — Ai qual avia CT — Ne ques
    ages M — fehlt bei AB.
Die abweichenden Lesarten sind zu irgend welcher Änderung nicht zu verwenden. Umstellung von *aura mais* würde den Hiat beseitigen.

208] (e:e) Pons d. C. 22,15: Qui es enamorats
    [Qui es ACDHIKMB, R, TUab.
209] Pons d. C. 1,48: A cels q'iran que ben fai qui envia
    [qui envia CDR.

Im ersteren Fall kann von einer Beseitigung des Hiats nicht die Rede sein, da sämmtliche 13 Handschriften denselben setzen; Einfügung von *cel* vor *qui envia* würde den Fall 209] von seinem Hiat befreien, jedoch ist diese Setzung nicht zu empfehlen, da sie dem Verse ein steifes Ansehen geben würde und auch der Schreibart des Dichters nicht conform wäre,
    cf. 1,10: Gardas si fai qui reman gran folia.

210] (e:u) Pons d. C. 19,25: E qui humils vol si' humils grazire.
    [qui humil CR] kumils m'a dit keu sui humils grazires X.
Lesart X tilgt zwar den Hiat, entspricht aber wenig dem Sinne des Ganzen. Der Hiat darf auch in diesem Falle keine Einbusse erleiden.

Que Conjunction:

211] *(e{a)* Pons d. C. 12,4: Me faill midons car conois que amors
[que amors ABIKR,f] camors DGMPR,STUb,b, — midons
ABIKR,B,Mf] madonna DGPSUb,b, — car] sol quar M car
non R,.

Midons und *madonna* werden bei Ponz d. C. und
auch in den andren Texten sowohl im nom. als auch im obl.
angewendet (cf. p. 21 Untersuchung hierüber). Durch die
Lesart DGPSUb,b, *ma donna* und DGMPR,STUb,b, *camors*
wird der Hiat gehoben: *Me faill madonna car conois c'amors*.
Durch diese Emendation entsteht zwar eine jener ungenauen
Caesuren nach der 5ten unbetonten aber mitzählenden Silbe,
doch finden wir dieselbe noch öfters in den Gedichten des
Ponz d. C. belegt. Napolski, p. 33, führt mehrere dieser
Caesuren an cf. 1,6: E qui per terra ni per manentia; 1,49: Sol non
remaingna per cor recregen; 24,40: Que lausa pobles lausa dominus;
24,43: La lauzen l'angel ab joi et ab chan; 15,19: C'ab vos son fadas las
plus conoissan; 27,25: Si nom perdona la colp' el faillir; 27,86: E la plus
gaja del mon cui ador.

212] *(e:au)* Pons d. C. 10,24: Per que autra no voill ni me enten
[*Unicum* in D.

Die beiden im Verse sich zeigenden Hiate haben ihre Erledigung bereits p. 10 gefunden.

213] *(e:ó)* Pons d. C. 4,29: Que en dreich leis non blan
[que en dreich AD] Quen dreich IK Qab dr. a Quien en dreich
C — non ADIKJ] plus non a.

Lesart IK setzt regelrecht Elision bei *que*, erhält aber hierdurch eine Silbe zu wenig im Verse. Als Emendation schlage
ich Lesart C vor.

214] *(e:o)* Pons d. C. 11,27: Que hom non a tan dur cor ai la ve
[Que hom non a ID] Qel mond non a Uf. Que non a hom
ABCab.

215] Pons d. C. 25,29: Que hom blasmet amor ni dis tal ais
[Que hom bl. Af] Qui hom bl. DIKU — Pus hom bl. CB
Cant hom bl. T Que blasmet hom A.

Die vorstehenden Fälle sind die einzigen, in denen *que* vor
hom in den Gedichten des Ponz d. C. sein unbetontes e beibehält.

Die Lesart ABCab (Fall 214] *Que non a hom* beseitigt den
Hiat und ist auch sonst der vorstehenden Lesart vorzuziehen,
da Inversion des Subjects vom Dichter gern angewendet wird,
cf. bes. bei que; 2,18: Que dels melhors a hom mais de talan; 11,13:
Quar ben quier hom a seignor conoissen; 13,19: Ab cui trob' om guay
solats; 22,1: Ia non er hom tan pros; 23,3: E per amor es hom gais;
24,18: E de tots mals la pot hom escondire; 24,39: Q'ausit ai dir e
troba hom legen. Im 2ten Fall schlage ich Lesart T — *Quant
hom blasmet* — zur Emendation vor.

Die Gedichte Bert. d. B. weisen ebenfalls mannigfache
Fälle von Hiat bei *que* auf:
Que, qui Relativpronomen:
216] (*e*:*a*) Bert. d. B. 5,2: Que aribaran nostras naus
  [Qne aribaran A DIK.
217] Bert. d. B. 33,23:. Ab sa grand ost qu' atrai e que amassa
  [Que amassa DIK T A] Ab sas grans gens quas atraj et amassa C.
Der Fall 216] wird uns, da DIK eine Gruppe bilden, nur
von zwei Handschriften geboten. Durch Hinzusetzung des
Artikels zu *nostras* wird der Hiat geboben, cf. hierzu 15,4: Qu'om
non puosca mesclar lo vostre cors; 28,57: Tristans per la vostr' amor;
39,7: Al vostr' ops eu n'ai vergonha; 9,64. 38,14. 41,33. 42,4. 19,41.
Die Handschriften zu 217] gruppiren sich in DIK, F, A. Lesart
DIK scheint wenigstens in Betreff vorstehenden Verses fehlerhaft,
indem sie einerseits die beiden gleichen Begriffe *atraire* und
amassar durch *que* trennt und andrerseits inconsequenter Weise
einmal *que* elidirt, beim zweiten Mal aber den Hiat dabei bestehen lässt. Lesart C scheint wenigstens im zweiten Hemistich
correcter zu sein. Indem ich *ques* in *qu'el* wandle, emendire
ich den Vers folgendermassen: *Ab sa grand ost qu'el atrai et
amassa.*
218] Bert. d. B. 82,63: La dompna els Grecs que ac trahits
  [que ac DF1KCE] quel ac AB.
219] Bert. d. B. I, 35: Que avets e pren m'en dolor
  [Que avets ABDIK] queus (vos G) nei far D, FGN.
Der Fall 218] findet durch Lesart AB seine Erledigung.
Die Lesart D, FGN zu Fall 219] ist aber der einfachen Lesart
que avets nicht vorzuziehen. Durch leichte Conjectur, die in

51

der zweiten Lesart angedeutet ist, nämlich durch Setzung von *queus* statt *que* (cf. 4,28), wird der Hiat vermieden.

220] Bert. d. B. 36,2: En la fin que ant parlada
[que ant DIK ACM.

221] Bert. d. B. 38,35: Que ant de mal far leser
[Que ant IKD ABC UVR] quar ant F.

Durch Setzung von *qu'en* statt *que* könnte der Hiat in Fall 220] beseitigt werden. Tilgung des Hiats im zweiten Fall ist aber wegen der vielen Handschriften, welche denselben beibehalten, wenig zu empfehlen.

222] Bert d. B. 26,4: El melhor rei que ano nasques de maire
[que anc DIKF ABCE.

223] Bert. d. B. 26,45: Pel melhor rei que anc portes escut
[que anc DIK F ABCE.

Die beiden vorstehenden Fälle, die sich in ein und demselben Gedichte zeigen, sind die einzigen, in denen *que* vor *anc* im Hiat steht. Trotz der vielen Belege für Elision von *que* vor *anc* vermag ich keine Änderung in diesen Versen vorzuschlagen.

224] Bert. d. B. 42,13: Que ab se gent vos anet mantener
[Que ab CER.

Elision von *que* vor *ab* findet sich überall im Texte. Die vorstehenden Handschriften gehören ein und demselben Typus an und zeigen nur äusserst geringe Abweichungen. Umstellung von *ab sa gent* und *vos anet* lässt den Hiat verschwinden.

225] Bert. d. B. 1,6: Beis deu gardar qui a drutz se depeis
[qui a FIK.

226] Bert. d. B. 19,10: Cellas qui ant prets cabau
[Cellas qui ant AD] Cella qui a FIK.

227] Bert. d. B. 19,2: Qui agues pres bon ostau
[qui agues DIKFA.

Eine Änderung ist in allen drei Fällen nicht möglich.

228] (e:au) Bert. d. B. 6,24: Que autramen foran vencut e mort
[que antramen IKd] que dautramen D𝑐.

Elision von *que* vor *autra* findet sich sonst in allen Fällen. Die Form *autramen* ist nur an dieser Stelle bei Bert. d. B. belegt. Lesart D, *d'autramen* könnte den Hiat beseitigen. cf. Bartsch Chr. 1880 p. 352,10.

229] (e : e) Bert. d. B. 33,17 : Sil rics vascoms que es caps dels Gascos
[que es caps DIKFA] lo senher C.

230] Bert. d. B. 30,10: Cel qui es coms e ducs e sers, reis
[qui es DCFlKd.

Beseiligung des Hiats ist in beiden Fällen nicht zu empfehlen,
da er von sämmtlichen Handschriften geboten wird.

Que Conjunction: Auch hier finden sich Abweichungen.

231] (e : a) Bert. d. B. 10,52: Que amors de son joi l'estre
[Que amors F] c'amors GIKd.

Von den 5 Handschriften bieten GIKd Elision, doch hat
dadurch der Vers eine Silbe zu wenig. Um den Vers zu be-
richtigen, wird F den fehlerhaften Hiat in den Vers gebracht
haben. Zur Richtigstellung schlage ich demgegenüber folgende
Änderung vor: Qu'amors de tots sos jois l'estre.

232] Bert. d. B. 14,20 : Conosc que an siei filh pecaat
[Unicum in C.

233] Bert. d. B. 21,55 : Vol que ab lui s'esto
[que ab DIK] que a G qab F ben qab AM.

Umstellung von an und siei filh beseitigt den Hiat im
ersten Fall; Lesart AM lässt im Fall 233] den Hiat verschwinden.

234] Bert. d. B. 11,26: Rics hom ab gerra que ab patz
[que ab AlKd.

235] (e : au) Bert. d. B. 12,68 : Que autra tener baissan
[Que autra ABF] que d'autra DIK.

Die vier Handschriften (Fall 234]) reduciren sich auf zwei,
da IKd zusammengehören. Die Überlieferung des Gedichts durch
obige Handschriften ist überhaupt, wie schon der Herausgeber
constatirt, eine ziemlich mangelhafte, so dass eine Conjectur
wohl berechtigt ist. Als solche schlage ich Einsetzung von mais
vor que vor: Rics hom ab gerra mais qu'ab patz, cf. hierzu 2,5.
10,2. 11,60. 14,52. 15,23 etc. Im zweiten Falle könnte Umstellung
von autra und tener den Hiat beseitigen.

236] (e : e) Bert. d. B. 32,16: Greu er que en mar nol debur
[Greu er que en AB] mas greu er que DIKF mas greu que la
E greu er que la C.

Elision von que vor en findet sich sonst überall. AB, welche
vorstehenden Hiat aufweisen, bilden eine Klasse. Alle andren

Handschriften vermeiden den Hiat, weisen aber auch Fehler
auf. Ich halte Lesart DIKF für die relativ beste und setze sie
nach Vornahme einer kleinen Änderung — *qu'en* statt *que*
— in den Text ein.

237] (*e:eu, ieu*) Bert. d. B. 17,1: Fulheta vos mi pregats que ieu chan
[Unicum in M.

Da vorstehender Vers wie das ganze Gedicht nur von einer
Handschrift geboten wird, so ist Conjectur berechtigt. Durch
Hinzusetzung von *vos* zu *chan* wird der Hiat zu beseitigen sein.

238] (*e:o*) Bert. d. B. 25,20: Que hom tolra l'aver als usuriers
[Que hom *Conjectur von Stimming*] qes hom M.

239] Bert. d. B. 35,82: Que hom tota sos pres li renda
[Que hom ACDFIKE] e c'om T.

Ich möchte im ersten Fall die Lesart M beibehalten, aber
dals statt *als* setzen. Der Hiat im Fall 239] kann dagegen
keine Änderung erfahren, da ihn so viele Handschriften bieten,
und nur T in einer dem Sinn des Ganzen wenig entsprechenden
Weise ihn beseitigt.

240] Bert. d. B. 17,6: Amta ab pro mais que honor ab chan
[que honor mur in M.

241] Bert. d. B. 28,32: Que oimain plou et inferna
[Que oimais DIKE] car oimais A quogan mais CTUV.

Der erste Fall ist bereits p. 24 erledigt. Lesart CTUV (241])
ist nicht zu verwenden, da sie dem Sinn des Ganzen wenig
entspricht. Lesart A könnte aber den Hiat beseitigen. cf. 11,17:
C'oimais lo tenran per senhor.

242] (*e:u*) Bert. d. B. 24,31: Que un non hi a dels garços
[Que un nur ni M.

Elision von *que* vor *un* findet sonst überall statt. Umstellung
von *non hi a* und *un (que non hi a un dels garços)* lässt den
Hiat verschwinden.

Boeth. Das Boethiusfragment weist ebenfalls verschiedene
Fälle von Hiat auf.

Que, qui Relativpronomen:

243] (*e:a*) Boeth. 5,14: Filla's al rei qui a gran potestat
[qui a Ms. Diez: P. M.

Hinzusetzung des Wörtchens *ta* zu *gras* würde den Hiat beseitigen. cf. 1,8: Nos jove omne menam ta mal jovent; 2,7: Coms fo de Roma e ac ta gran valor; 1,14: Donc veno Boeci ta gran dolors al cor; 3,24: Tum fezist tant e gran riquesa star; 5,31: Hanc no vist omne ta gran onor agues.

In den folgenden Fällen von Hiat

244] Boeth. 8,4: Cel bona i vai qui amor ab lei pren
[qui amor Ms. Dies. P.M.

245] Boeth. 3,18: Las miss musas qui ant perdut lor cant
[qui ant Ms. P.M. Dies.

246] Boeth. 5,5: Et en Jhesu que ac tan bo talent
[que ac Ms. P.M. Dies.

247] (*e*:*e*) Boeth. 6,11: El vestiment en l'or qui es repres
[qui es Ms. P.M. Dies.

kann wohl nicht an der Ursprünglichkeit desselben gezweifelt werden.

Que Conjunction:

248] (*e*:*a*) Boeth. 4,32: Qui tant i pessa que al no fara ja
[que al Ms. P.M. Dies.

249] (*e*:*e*) Boeth. 6,10: Que el so pensa vel sien amosit
[Que el Ms. P.M. Dies.

Nur im ersten Fall könnte der Hiat durch Hinzusetzung des Wörtchens *re* gehoben werden. *Qui tant i pessa qu'al re no fara ja.*

250] P. Rog. Die Gedichte des P. Rog. weisen ausschliesslich Elision von *que* (Relativpronomen und Conjunction) vor voc. Anlaut auf.

M. d. Mont. In den Gedichten des M. d. Mont. finden sich wiederum zahlreiche Fälle, in denen Hiat zum grössten Theil zugestanden werden muss.

Que, qui Relativpronomen:

251] (*e*:*a*) M. d. Mont. 1,9: Amor que a mon cor en tal luoc mes
[que a ADLOBES] qem a PU.

252] M. d. Mont. 10,75: Que a fait un fol engramen
[Que a AD] Et que a L — Rayn —.

In beiden Fällen müssen wir wohl den Hiat als ursprünglich annehmen. Lesart PU 251] beseitigt zwar den Hiat, ist aber zur Emendation wenig zu verwenden, da sie einerseits 7 andren Handschriften gegenübersteht, die alle den Hiat setzen, andrerseits eine Härte des Ausdrucks zeigt, welche von den andren Handschriften vermieden wird. Lesart L im zweiten Fall 252], der sich auch Raynouard anschliesst, ist geradezu fehlerhaft.

253] M. d. Mont. 4,56: Que a la fin et al comensaman
[que a U.

Die Tornada, welche vorstehenden Hiat aufweist, findet sich nur in einer Handschrift U vor und scheint mir ein ziemlich fehlerhafter jüngerer Zusatz. Dies zeigt schon der fehlerhafte Reim V. 55 *chan* statt *chans*, der nicht wohl berichtigt werden kann, ohne den Sinn des Ganzen zu gefährden. Eine Änderung, welche ich zur Tilgung des Hiats vorschlagen möchte,

> Na Maria ben deu amar son chan
> Cel qu'a la fin et al comensamen
> Se daur' ab vos e a mais de plazen
> Per vos val mais Ventadorn e Tornes

würde den Reimfehler auch nicht aus der Tornada verschwinden lassen.

254] M. d. Mont. 18,9: E dompna que ama sirven
[que ama CE.

Conjectur berechtigt, da beide Handschriften zusammengehören und nur wenig von einander abweichen. Hinzufügung von *son* zu *sirven* beseitigt den Hiat.

255] M. d. Mont. 1,62: Que amon joi e solats e joven
[Que amon joi ADLOBEP] Cil q'amon pres S. — Cels que amor pres ni solaz non ven U.

Handschrift S zeigt eine verderbte Lesart, da sie das »cil« des vorstehenden Verses in wenig passender Weise wieder aufnimmt. Eine Änderung vorzunehmen ist wegen der vielen Handschriften, die den Hiat zeigen, nicht räthlich.

256] M. d. Mont. 2,55: Que l'amassetz mais d'autra que anc fos
[que anc C.

257] M. d. Mont. 5,8: E sai'n autra que anc re non mespres
[que anc ADBIE.

258] (*e*:*e*) M. d. Mont. 3,2: Que es per pano de forfait accusats
[Que es ABU] E es NP.

259] M. d. Mont. 16,27: E cel qui es trop enuejos
[qui es CE.

260] M. d. Mont. 9,25: Et aicel qui es pagats
[qui es HlKdD,G.

261] M. d. Mont. 3,41: E sapchats ben qui en dos luocs s'enten
[qui en BNUPAD.

Nur im Falle 258] möchte ich mil Hülfe der Variante NP.
folgende Conjectur vorschlagen: *E qu'es per pauc de forfait
accusats*. In den übrigen Fällen kann wohl nicht an der
Ursprünglichkeit des Hiats gezweifelt werden.

262] (*e*:*eu*) M. d. Mont. 3,57: Que ieu conques que ieu voill per un tres
[Que ieu c. que ieu v. p. u. t. *findet sich wie auch die übr. Verse
der Tornada nur bei* Raynouard.

263] M. d. Mont. 5,58: Ab que ieu eis me sui liats e pres
[Ab que ieu eis BIAD] En qu'ieu meseis R.

Über Fall 262] cf. 267]. Im zweiten Fall 263] wird Lesart
R *meseis* zur Emendation vorgeschlagen: *Ab qu'ieu meseis me
sui liats e pres*.

Que Conjunction:

264] (*e*:*a*) M. d. Mont. 21,8: Lo reis loans plus que a Saint Massens
[que a H.

265] M. d. Mont. 10,89: Que anc puois si fetz cavalliers
[Que unc ADL-CI (P. Meyer).

266] (*e*:*e*) M. d. Mont. 5,49: Mas quant de vos que en cor vos mezes
[Mas quant de vos que en ABR] Mas de vos donna quen DFI.

Der erste von den drei Fällen hat, da nur in einer Handschrift überliefert, wenig Beweiskraft. Der Hiat in den beiden
andren Fällen muss wohl zugestanden werden. Lesart DFI im
Fall 266] beseitigt zwar der Hiat, bringt aber hierdurch eine
schwache Caesur (nach der 5ten unbetonten Silbe) in den
Text, für welche ich sonst in den Gedichten des M. d. Mont.
keine weiteren Belege finde. Auch in diesem Fall muss also
wohl der Hiat als ursprünglich angenommen werden.

267] M. d. Mont. 3,55: Al pros comte voill que an ma chansos
[que un P. (Rayn).

Vorstehender Vers sowie die ganze Tornada findet sich
nur in P. Wir haben also Grund, ihre Echtheit zu bezweifeln.

268] (e: ieu) M. d.Mont. 4,9: Per que ieu chant e m'esfors com pogues
[Per que ieu IG] E per so U — Per quer m'esfors com en chantand
pogues S.

269] M. d. Mont. 13,14: Que ieu non vuoill ges clam auzir
[Que ieu n. v. ges clam auzir Rayn] *fehlt bei* A.

Die Lesarten S und U im ersten Fall sind der vorstehenden
durch IG gegebenen nicht vorzuziehen. Dem 2ten Fall ist keine
Bedeutung beizumessen, da der Vers sich nur bei Raynouard
findet.

270] (e:o) M. d. Mont. 14b,83: Que oltra mar
[Que oltra DI.

Durch Hinzusetzung des Artikels *la* zu *mar* — *qu'oltra la*
mar — könnte der Hiat gehoben werden.

Guir. Riq. In den Werken dieses Dichters findet sich
eine grosse Anzahl von Belegen, in denen das auslautende *e*
bei *que* vor vokalischem Anlaut geduldet wird. Nur in sehr
wenigen Fällen kann der Hiat durch Emendation getilgt werden.

Que Relativpronomen:

271] (e:u) Guir. Riq. 26,63: Del preta que avetz mantengut.

272] Guir. Riq. 6,12: L'erguelh que a tant loniauen jagut.

273] Guir. Riq. 8,22: De qui aten guasardo.

Im ersten und dritten Fall könnte der Hiat durch Hinzufügung des Personalpronomens zum Verb beseitigt werden.

274] Guir. Riq. 46,14: Q'us nom par que amara.

275] Guir. Riq. 50,47: Em desplay fort qui amar non la denha.

Beseitigung des Hials in beiden Fällen nicht möglich. Umstellung von *amar non* im zweiten Fall ist nicht zu empfehlen,
da die Negation sich nicht wohl von dem leitenden Verb
trennen lässt.

276] Guir. Riq. 48,7: Gensers el mielhers que anc fos.

277] Guir. Riq. 65,6: Mout ai chantat que anc no plac auzir.
[que anc A.

278] Guir. Riq. 2,13: E qui ab l'emperairitz.

Ausg. u. Abh. (Pleines). 4*

Im Fall 276] wird durch Setzung des Artikels vor *Geysers*, in Übereinstimmung mit *el mielhers*, der Hiat beseitigt, cf. 6,31.
279] (*e:ai*) Guir. Riq. 18,47: Quar l'ai perdut de que ai sus persona.
280] Guir. Riq. 6,21: Pero ein perc so qua ai mentangut.

Hinzufügung des Personalpronomens würde auch in diesen beiden Fällen den Hiat verschwinden lassen, wenn nicht aus den beiden Gedichten, welche vorstehende Verse aufweisen, ersichtlich wäre; dass der Dichter mit Vorliebe das Verb ohne Personalpronomen anwendet.
281] (*e:e*) Guir. Riq. 26,84: Als siens; donca qui er guerrejats
282] Guir. Riq. 60,38: Quar selh per qui ets auxida
  [qui ets A.
283] Guir. Riq. 10,36: Qui en aver bon prets a entendenm.

Von Beiseitigung des Hiats muss wohl auch in den vorstehenden Fällen Abstand genommen werden, ebenso in den beiden folgenden Fällen:
284] Guir. Riq. 17,19: Qui es creymens
285] Guir. Riq. 60,55: Tos' ab qui ets parieira
286] (*a:i*) Guir. Riq. 7,40: Salvaa s'onor per que imls amoria.
287] (*e:o*) Guir. Riq. 25,11: De midons que so ni se
288] Guir. Riq. 45,20: Qui so pessa e trop pas qui o dits.

In den ersten beiden Fällen 286—7] kann an der Ursprünglichkeit des Hiats wohl nicht gezweifelt werden. Der dritte Fall 288] wird durch Setzung von *so* statt *o*, in Übereinstimmung mit *qui so pessa*, reclificirt.

Que Conjunction:
289] (*e:a*) Guir. Riq. 13,66: Per que a nom N'Anfos.
290] Guir. Riq. 52,30: E car tengut ab tot que ala pats
291] Guir. Riq. 23,4: Mas quem even qui fuy ans que ames.
292] Guir. Riq. 44,40: Que als no puescam velss.

In allen diesen Fällen könnte durch Hinzusetzung des Personalpronomens zum Verb der Hiat beseitigt werden, doch ist zu bedenken, dass, wie schon an früherer Stelle bemerkt, der Dichter in den meisten Fällen das Personalpronomen auslässt. Dasselbe lässt sich von folgenden Fällen sagen:

293] Guir. Riq. 62,13: Que agui sovinensa
[Que agui A.
294] Guir. Riq. 4,31: Que ab son cors aja taint de leser.
295] Guir. Riq. 10,20: Qué a secgle et a dieu es plazens.
296] Guir. Riq. 21,40: Que a son cors don honramens e pros.
297] Guir. Riq. 6,45: Que als ho sai en que mos mals refranha.
298] Guir. Riq. 67,10: Per que ai gran desir
[que ai A.

An der Ursprünglichkeit des Hiats kann wohl auch in
folgenden drei Fällen nicht gezweifelt werden:

299] Guir. Riq. 15,11: Pus que a selha d'Alamanha.
300] (e:i) Guir. Riq. 8,8: Amors e pus huey que hier.
301] (e:o) Guir. Riq. 88,81: Lo mals que hom nol sen.

Eine Änderung lässt sich in vorstehenden Fällen schwerlich
vornehmen.

302] Guir. Riq. 11,60: Far mil tans que hom pessar.

Folgende leichte Conjectur beseitigt den Hiat — *Far mil
tans qu'om pot pessar.* —

303] E. Interrogativpronomen *que.* Belege für Elision bez.
Hiat dieses Pronomens finde ich nur in den Gedichten des
Trobadors P. Rog. Vor anlautendem Vocal findet Elision
statt: P. Rog. 7,11: *Tort n'a? qu'ai dig! boca tu mens.* Daneben weisen dieselben Gedichte auch einen Fall auf, in welchem
das auslautende *e* gewahrt wird:

304] P. Rog. 6,42: Que as? am. — e trop? ieu hos, tan
[Que as ACDIKMORST] ques as c.

Es würde sehr bedenklich sein, durch irgend welche Änderung
den Hiat zu tilgen, da derselbe von so vielen Handschriften
geboten wird.

Vokal *i.*

Auslautender unbetonter Vokal *i* wird vor vocalischem
Anlaut elidirt in folgenden Fällen:

305] A. Artikel masc. plur. nom. *li.* In allen Texten finden
sich nur wenige Belege von Elision. Die Dichter scheinen sich

betreffs dieses Artikels mit Vorliebe der Anlehnung bedient zu haben.

Pom. d. C. 17,50: Que l'angel son tug per s'amor jaussen 94,43: La lausan l'angel ab joi et ab chap; — 14,43: S'ieu plus que tuich l'autr' amador la vuoill; 18,3: Qan l'ausel chanton doussman; 2,23: Ques rescon plus que l'autr' auzel no fan; 25,33: Que l'us feingnon l'autre volon maldire. — Bert. d. B. 16,17: Que l'autre lo han tuit laissat; 21,25: E tuit l'autre baro; 34,59: Si com l'ausel son desots l'Aurion. — Boeth. 6,16: Antr' ellas doss depent sun l'eschalo. — P. Rog. 1,2: Quan l'albres cargon de fuelh. — M. d. Mont. 16,15: Li lausengier e l'enojos. — Guir. Riq. 16,43: Valon tug l'autre valen; — 45,59: L'un trop escur e li autre pro clar.

Der Hiat findet sich nur im Boeth. Fragment, bei Bert. d. B., M. d. Mont. u. Guir. Riq. belegt.

306] (i : a) Bert. d. B. 26,70: Ploron neis li Alaman
[Li Alaman (alman K aleman DI) CEDIK] l'alaman B en lamentan F.

307] Bert. d. B. 32,5: On sapchont li Aragones
[li Aragones DFIK ABCE.

Beseitigung dieser beiden Fälle von Hiat ist nicht möglich, da fast alle Handschriften das *i* vor anlautendem Vokal bestehen lassen. Die Handschrift B im ersten Fall lässt zwar den Hiat verschwinden, schädigt aber hierdurch den Vers in seiner Silbenzahl und steht auch sonst in ihrer Schreibung so vielen andren Handschriften gegenüber. Aus demselben Grunde ist auch Lesart F nicht zu verwenden.

308] (i : au) Bert. d. B. 23,45: Tots temps vuolh que li aut baro
[Que li aut ABIKDF] que li ric C quel maluats M.

309] Bert. d. B. 34,4: Chant antresi com fan li autre ausel
[li autre DAIKMCFT.

Auch in diesen beiden Versen weisen fast alle Handschriften den Hiat bei *li* auf, und nehme ich daher Abstand, durch Conjectur, die überdies schwerlich aufzustellen wäre, den Hiat zu beseitigen.

310] (i : o) Boeth. 5,25: Ne eps li omne qui sun ultra la mar*
[li omne Ms. P.M., Diez.

Dass die lyrische Caesur sich im Boeth.-Fragment nicht findet, und folglich Verschleifung des *li* nicht angenommen werden kann, ist schon früher erörtert worden. Umstellung —

Ne l'omne eps — würde zwar den Hiat tilgen, doch wäre eine solche Änderung wenig zu empfehlen.

311] (*i* : *au*) M. d. Mont. 20,16: E li ausellet chanton piu
    [li ausellet CE.

Beseitigung vorstehenden Hiats ist nicht wohl möglich, ebensowenig im folgenden Fall:

312] Guir. Riq. 45,59: L'un trop escur e li autre pro clar
313] B. Pronom. pers. conj. dativ. *li.* Scheinbar wird auch hier Elision des *i* vor anlautendem Vokal durchgeführt:
Pons d. C. 30,30: L'amor qu'ieu l'ai; — 26,36: Car s'eu muor no l'es gen: 11,33: Puois conois tot quant l'es benestan; 26,25: Qui fai la crotz mout l'es ben pres; 4,3: Don ja t-es non l'en veingua ses milltans de dolor. — Bert. d. B. 40,19: Sai a'n Richart que l'a tolgut oguan; — 8,40: Guerra l'es enans; 8,28: Cals l'es fals ni cals l'es fls; 9,60: E de far que ben l'estia; 18,36: Gart ben si l'es loudatz granda; 18,37: Si l'es sens o dans; 29,31: Tant l'es trebalhs; 38,74: Non l'es honors; 20,43: Et eu vuolh l'en dar, tant sui gartz; 45,44: Richartz l'en deu fort mercejar. — Boeth. 5,28: Qui e leis es fra mors no l'es a doptar; 3,14: E granz kadenas qui l'estan apesant; 8,6: Quan se reguarda bo merite l'en rent. — P. Rog. 6,12: E far tot quant l'es bon; 8,26: Obs l'es; 8,19: Pueys dixon tng que mal l'estay. -- M. d. Mont. 6,41: Mas per so l'estau de pres. — Guir. Riq. 8,21: Serven quant selh l'es esquius; 35,27: Tant que quascus l'es lausaire; 47,48: Pero bes l'es; 49,45: Quar tot l'es contrarios; 48,42: E de totz bes l'es poders datz; — 39,38: E dey l'esser comes; 66,12; Del joy que l'er autreyatz; 1,47: Ni non l'er honors sim recuolh; 31,40: E si m'enten non l'er dans; 18,30: Qu'autres estars non l'era sabros.

Nur bei Bert. d. B. und Guir. Riq. finde ich Fälle in denen die Herausgeber den Hiat bei *li* bestehen lassen.

314] (*i* : *e*) Bert. d. B. 8,36: Ans que trop li endorzis
    [li endorzia DIK A] ab anz que plus s'endurzis F.

Lesart F vermeidet den Hiat, steht aber vereinzelt allen andren Handschriften gegenüber. Auch ist das Reflexiv von *eudursir* selten und wird nur im figürlichen Sinne gebraucht. cf. Raynouard: Lexique Roman.

315] (*i* : *a*) Guir. Riq. 20,49: Fazen totz bes li agensa
316] Guir. Riq. 4,7: Que cobetatz li a tout son poder
317] Guir. Riq. 67,23: Vers que li a donat
    [li a A.

318] (*i*:*e*) Guir. Riq. 66,28: Tant li eral jorns esquius
 [li eral A.
319] Guir. Riq. 18,42: Quals dans li es la morts de mossenhor.

Bei näherer Betrachtung obiger Fälle ergiebt sich, dass die
scheinbare Elision nur statt hat: 1) wenn *li* sich an ein vocalisch
auslautendes Wort (*que*, *no*) anlehnen kann 2) wenn *es* und *en*
folgt, d. h. in denselben Fällen, wo im altfranzösischen anlautendes
e schwindet. (Über den Grund, weshalb auch altfranzösisch meist
len, *lest* überliefert ist, s. Stengel's Anm. zu Elie's Übersetzung
der Ars amatoria Ovids Z. 150 in Ausg. u. Abh.). Wir dürfen
also auch für das Provenz. Elision des *i* im Pronomen *li* nicht
zugeben.

Ausser *li* Artikel und *li* Pronom findet sich die tonlose
Endung *i* vor anlautendem Vokal noch in folgenden andren
Fällen:

C. Adjectiv.
320] Bert. d. B. 44,18: Mais per savi e per musart
 [mais per savi CFN1K] mas per deso D pero per fol (bric M) A M.

Vorstehender Hiat muss bestehen bleiben, da 5 Handschriften
denselben aufweisen, und die übrigen Varianten D und A M
vereinzelt dastehen.

321] D. Verb. Die Endung *i* finden wir im Prés. conj. und
ind. I u. III vor.
322] Bert. d. B. 28,43: Qu'ieu la repti e l'apel
 [Qu'ieu (qieD) la repti e l'apel ADIKTRUV] que la rept e que
 l'apel C.
323] Bert. d. B. 44,22: Tot jorn contendi em baralh
 [Tot jorn contendi CAFNDIK] tots jorns mi tenso M.
324] Bert. d. B. 44,29: Tot jorn ressolli e retalh
 [Tot jorn r. e. r. MAFNDIK] Ades los ressol els talh C.

Da fast alle Handschriften sich in obigen Fällen für die
Beibehaltung des *i* erklären, so ist an eine Beseitigung nicht
zu denken.

Ausser diesen Fällen finde ich noch bei Guir. Riq. zwei
Belege, für den Hiat.

325] Guir. Riq. 18,46: Chantar ab gang ne chanti ab dolor.

326] Guir. Riq. 82,14: Don sembli efans.

327] E. Conjunction *si* (lat. *si*). Elision des *i* wird in den meisten Fällen durchgeführt:

Bons d. C. 16,32: S'amors no vol venir el sieu bel pore; 1,38: S'ar no socor la crots; 1,48: S'ab honrar fais podia Fogir enfern; 7,4: Murrai s'ap se no m'acuelh; 18,39: E s'anc fis vas vos faillimen merce vos clam; 19,48: Mas ieu fora gnays s'a dire en fos razos; 23,37: Ans m'emendet s'anc pris dan de follor; 24,11: Ai cum fora garits s'a dieu plagues; 27,16: S'a lei non plats; — 14,39: S'aissim volgues la genser ques despuoill; — 14,30: Aissi som sai conseill s'autra non aip; — 3,28: Mout fara gran jauximen s'ella nom laissa morir; — 10,13: S'eu per enjan m'en lais dieus m'en contraingna; 16,36: Car s'eu muor no l'es gen; 23,84: Gardatz s'eu l'am ses tot cor trichador; 11,14: Donc s'ieu am finamen; 9,42: S'ieq autra ne quier; 2,9: E s'ieu n'ai joy; — 23,32: Viurai s'il plats mos dans midons; 12,6: S'il pogues faire nuill faillimen; 12,20: S'il plagra ma follors; — 27,58: S'umilitatz e merces nom socor; 19,19: S'umilitatz lam fai humiliar. — Bert. d. B. 34,22: Mal estara s'ancur villans non es; 35,35: S'anc lur det vestire vertz ni blaus; 41,22: S'a dieu plagues razos; — 35,22: Ves el s'el lo n'aura proar; — 11,46: S'ieu m'en podia revestir; 11,33: S'ieu vuolh c'us vite l'autre azir; — 6,9: S'il vol venir per querre sos trabus; 45,2: Volontiers fera sirventes s'om lo volgues ausir chantan. — Boeth. keine Belege. — P. Rog. 6,57: S'a lieys plats; 2,69: S'ap joy de lui vol viure; 2,63: S'ap gran bontat vol viure; — 1,31: Quar s'elham fay gran laidura; 2,35: Que s'ieu n'avia cent conques; 3,51: Car s'ieu m'esmay; — 6,58: Qu'aprenda lo vers s'il es bos; 2,55: E s'il fay parventa; — 1,48: S'una vetz ab mueg escura mi mezes lai os despuelha. — M. d. Mont. 6,38: S'amors tan nom en forses; 6,40: S'esquest amor oblides; 21,9: S'agues regnat per cunseill de servens; 21,1: Seigner s'aguessetz regnat per conseill dels vostres baillos; 2,24: S'ab aitan nom en tenc per manen; — 2,69: E s'ets forsatz per fin amor coral; 5,51: Mal estara s'era merces sous pres; 6,17: S'en l'autra part tant fezes; — 10,6: S'ieu lor crois; 12,26: S'eu fas coblas e chansos; 8,23: Car s'ieu fos reis; 1,70: Et s'ieu pensee que nus n'apercebes; 1,47: Que s'ieu vos prec; 4,40: S'eu n'ai passat un pauc vostre comans; — 2,32: E pueis dopte s'ill camge mas razos; — 19,1: Bem enoja s'o auses dire. — Guir. Riq. 23,36: S'al rey degues dir qu'ie l'ames; 22,20: S'al donador et al prenden aisitz non es bos gratz; 59,29: Tota s'ans de gaire no m'en faitz valensa; 19,4: E s'anc ne fi clamor sai quel colpa fo mia; — 3,55: S'autre joy deman; — 9,22: S'ieu muer; 9,23: s'ieu l'am; 32,28: S'ieu ai servit no m'es gazardonat;

1,29: Quar s'ieu ren far d'avinen sai; 8,38: S'ieu ren fas ni die de bo;
— 25,36: Quel ai quist s'ilh me deu dar; 23,14: Que s'ylh o vol ieu
atretant o vuelh.

Wirkliche und scheinbare Abweichungen finden sich mit
Ausnahme des Boeth. Frag. in allen Texten.
Zunächst zeigen die Gedichte des Ponz d. C. zwei Fälle, in
denen *si* vor folgendem anlautenden Vokal den Hiat trägt:

328] Ponz d. C. 11,35: E si amors a nuill poder an se.
[si amors (amor U) ABCIKMUbf.] s'anc amors R a — a] ac R a.

Eine Conjectur vorzunehmen ist in diesem Falle bedenklich,
da bei weitem die Mehrzahl der Handschriften sich für den
Hiat erklärt. Lesart R a beseitigt ihn durch Setzung von *s'anc*
statt *si* und folgerichtige Verwandlung des Präsens in das
Praeteritum, *a* in *ac*: *E s'anc amors ac nuill poder en se.* Dem
adverbialen *anc* folgt in den meisten Fällen das Praeteritum.
cf. hierzu 9,43: Que s'anc virei vas autra part mon fre; 18,39: E s'anc
fiz vas vos faillimen; 23,27: Anz m'emendet s'anc pris dan de follor.
Vorstehende Conjectur ist also, da sie in mancher Beziehung
Stützpunkte hat, nicht ganz von der Hand zu weisen.

329] (*i : eu*) Ponz d. C. 8,37: 1) Que si eu tot lo mon avia
2) Senes vos nuill pro nom tenria
[1) Que (car f) si eu tot lo (l'autre f) mon avia AIK f.] Que totz
(tot GMR) l'autre mon (monz CDu mö R) nom (nö GPa nos R)
poiria CDGMPRa.
[2) Senes vos nuill pro nom tenria AIK] Tener nuill pro (nuill
fehlt DGPf-pro nulh R) sieu (si MRa si vos DGP) nous (no
DP nö G) vezia CDGMPRa.

Vorstehende Lesart wird uns nur von AIK geboten; alle
übrigen Handschriften CDGMPRa weisen einen von dieser ganz
verschiedenen Text auf. Unter Berücksichtigung der Varianten
folgende Emendation vor:

Que totz l'autre monz nom poiria
Tener nul pro si nous vezia.

Einige, jedoch nur scheinbare, Fälle von Hiat finden sich
auch in den Gedichten von Bert. d. B.

330] (*i : a*) Bert. d. B. 7,12: Et es vielha si avols hom lolh fa
[si avols C] quant avols M.

332] Bart. d. B. 7,38: E vielh, si a caral. qu'om, sieu spelh
    vielh si C] vielhs qant M.

In beiden Versen beseitigt Lesart M — Setzung von quant statt si — den Hiat. cf. in demselben Gedichte V. 14, 16, 18, 21, 22, 23 etc.

Im Fall 332] muss zuvor das fehlerhafte vielha der Handschrift M in vielh geändert werden.

333] Bert. d. B. 25,28: E se ieu maeir er mi grans deliuriers
    [se ieu nur in M.

Analog dem vorhergehenden Verse e si sui vius er mi grans benanansa wäre folgende Lesart passender. E si sui morts er mi grans deliuriers. cf. hiersu 42,38. 45,3. II. 40.

P. Rog. In den Gedichten P. Rog. tritt uns ein Fall von Hiat entgegen:

334] (i : u) P. Rog. 2,26: Si una s'i presenta.
    [Si una s'i presenta C] Car sil sim presenta A E sil fai parcenta D Sans ub si presenta IK E sil representa M Caissim si pr. N.

Die mannigfachen Abweichungen der Handschriften unter einander weisen schon auf die fehlerhafte Überlieferung derselben hin. Folgende Conjectur würde den Hiat aufheben: Osr s'uns s'i presenta.

In den Gedichten des M. d. Mont. zeigen sich jedoch Fälle, in denen der Hiat wohl als ursprünglich angenommen werden muss.

335] (i : a) M. d. Mont. 15,12: So dis lo frairis si avets deniers
    [si avets C.

Eine leichte Conjectur, Hinzusetzung der Anlehnungsform us (vos) zu si, beseitigt den Hiat: So dis lo frairis sius avets deniers. cf. 2 Vers später: la no. viurets mais sius eis, reponiers;

336] (i : e) M. d. Mont 11,33: E si en ballan t'en! vas
    [si en ballan Vermuthung von Mahn] Si anbelian C san balian AI.

Wenn auch alle drei Lesarten etwas verstümmelt sind, so deutet doch schon Lesart AI, san balian, die Elision des i bei si an. Durch eine leichte Änderung, durch Hinzusetzung des Personalpronomens zum Verb, wird der Hiat getilgt. E s'en ballan tu t'en vas. cf. im selben Gedichte V. 44.

337] (*i : ieu*) M. d. Mont. 3,10: Bona dompna si ieu tos lejalmen
    [si ieu BNUPAD.
338] M. d. Mont. 14b,22: Si ieu psing lo ron desotz l'oill
    [si ieu DI.

In beiden Fällen kann wohl nicht an der Ursprünglichkeit des Hiats gezweifelt werden.

Zahlreicher wie in den vorhergehenden Texten zeigt sich der Hiat bei *si* in den Gedichten Guir. Riq.

339] (*i : a*) Guir. Riq. 28,11: Ans si aquest nom ren
340] (*i : ai*) Guir. Riq. 7,17: Si aissim nots amors en als m'es bona
341] (*i : e*) Guir. Riq. 21,12: Quar si espers ab bona fe no fos
342] Guir. Riq. 31,48: Ni d'autre si en error
343] (*i : o*) Guir. Riq. 52,22: Si honran a honrats sos benvolens
344] Guir. Riq. 52,21: Quar si honran l'a gent honrat de guerra.

Von einer Beseitigung der vorstehenden Fälle von Hiat muss Abstand genommen werden, da irgend welche Änderung nicht gut möglich.

In folgenden Fällen:

345] (*i : a*) Guir. Riq. 58,44: Si a valor tant quo dizets veraya
    [si a A.
346] (*i : e*) Guir. Riq. 59,51: Si ar ets ma druda
    [si ar A.
347] Guir. Riq. 62,41: Si es hom benanans
    [si es A.

könnte durch Hinzusetzung des betreffenden Personalpronomens zum Verb der Hiat gehoben werden: 345] *S'il a valor tant quo dizets veraya.* 346] *Sius ar ets ma druda.* 347] *S'el es hom benanans.* Jedoch ist jede derartige Conjectur für die Gedichte Guir. Riq.'s aus früher schon angegebenen Gründen nur mit grösster Vorsicht aufzunehmen.

III. Hiatus.

Der Vollständigkeit halber habe ich im dritten Theile meiner Untersuchung die Fälle zu verzeichnen, welche in jeder Beziehung den Hiat vor vocalischen Anlaut ertragen. Solcher Fälle giebt es naturgemäss nur wenige, wenn man von denen absieht, in welchen der auslautende Vocal oder Diphtong den Ton trägt. z. B. Pons d. C. 19,43: merce es (merce = mercedem); 11,29: cove ab; 3,32: causi entre; 18,23.41: fai amar; 10,3: farai ogan; 17,42: aurai estat etc.

Der Hiat bleibt stets gewahrt in folgenden Fällen:

348] 1) Conjunction *ni*. Pons d. C. 26,11: Ab fals motz ni ab fal obran; 9,80: Qu'om non chai ni abat ni fier; 17,22: Per q'ieu nom sen mal ni afan; — 11,16: Mais de s'amor ni ai cor que m'en plaingna; 27,8: Ni aillors nom coplei; — 9,15: Ges noncalers ni enjans no m'en te; 26,32: Ni en estraig orde maltraire; 2,80: Guerras ni cortz ni estevas ni chan. — (etc.). — Bert. d. B. 2,25: ni ab grand ost ni ab gentz; 2,48: ni assais: 2,49: ni ab: 35,58: ni a; 37,35: ni acuolh; — 2,19: ni estar: 4,23: ni enemi; — 2,47: ni hom; 43,14: ni onrar. — (etc.). — Boeth. 4,25: ni amic. — P. Rog. 2,9: ni alres; — 3,55: ni elha; 4,12: ni escarnir — (etc.). — M. d. Mont. 10,23: ni anc; 21,7: ni a; — 9,47: ni erransa; 9,46: ni es; — 6,29: ni o; 19,11: ni orgoillosa. — Guir. Riq. 2,10: ni aa; 18,26: ni ab; 16,31: ni anc; — 4,15: ni e; 19,27: ni entendre — (etc.).

349] 2) Negation *no (non)*. Das *o* in *no* wird in keinem Falle vor vocalischem Anlaut elidirt; vielmehr behauptete das indifferente *n* in diesem Falle sich in der Aussprache wie es denn auch in der Schrift fast durchweg beibehalten wird.

Pons d. C. 9,22: non ac; 11,27: non a; 14,7: non am; - 4,25: non aic; — 10,7: non es; 12,3: non er; 20,17: non es; 6,44: non i ai. — Bart. d. B. 11,14: non a; 17,34: non ac; 21,47: non avars; 18,20: non aura; 2,32: non es; 12,6: non er; 14,60: non etz; 66: non er. — Boeth. 4,4. 12. 25:

non a; — 3,30: non ai; — 1,13. 4,16. 43: non es: 5,17: no es; — 1,8:
non o press; — 1,26: non i. — P. Rog. 3,41. 4,35. 5,27: non ai; 6,4. 22.
36: non es; 5,38: non onguan. — M. d. Mont.1,68: non avets; 1,69: non
am; 1,78 3,25: non a; 3,14: non avets; 2,16. 50: non ai; 3,3. 29. 42:
non es; 1,39: non o. — Guir. Biq. 9,39: non a; 4,15. 5,20: non ai; —
12,65: no auray; — 2,14. 10,5. 14. 27: non es.

350] 3. Substantivpronomen *qui*, ein Pronominalbegriff, der
aus der Vereinigung des Determinativs und des Relativs, lat. *is
qui* hervorgegangen ist. Das provenzalische Substantivpronomen
qui umfasst nicht allein die bestimmtere Bedeutung von *is
qui* (derjenige welcher), sondern auch die unbestimmte von *is
qui* (einer welcher). *cf. Diez. Gr.* III. p. 382.

Pons d. C. 14,25: E qui humil vol si' humile grasire (*cf.* 210J). —
22,15: Fols es qui es enamorats; 1,45: A cels q'iran que ben l'ai
qui envia. — Bert. d. B. 1,6: Reis deu gardar qui s drutz se depeis
(*cf.* 256]); 19,2: Que de dissar non fora oimais maltis qui agnes ipsas
ben ostan (*cf.* 297]). — M. d. Mont. 3,41: E sapchatz ben qui en des
fuecs s'estan (*cf.* 261]). — Guir. Biq. 59,47: Em desplay fort qui amar
non la denha *cf.* 275]; 2,13: E qui ab l'emperairitz del segle non es
aizitz *cf.* 276]; 26,84: Donas qui er guerreiatz per luy guandits er e
saluatz *cf.* 281]: 10,36: Qui en aver bon prets s entendens a son poder
fassa faits avinens *cf.* 283]; 17,19: Quar apellatz es aavis e cortes qui
es creyssens del sieu ab qualque cors *cf.* 284]; 45,20: E pareys be de
conoyssensa blos qui so pessa et trop pus qui o ditz *cf.* 285].

Um eine bessere Übersicht zu gewähren, gebe ich im
nachstehenden eine kurze Darstellung derjenigen Fälle, in denen
sich ein schwankendes Verhalten zu Gunsten bald der Elision
bald des Hiats zeigt. Die Fälle, in denen ausschliesslich Hiat
oder ausschliesslich Elision eintritt, finden sich bereits an be-
treffender Stelle p. 66 u. p. 5 ff. behandelt, und ist es daher
nicht nöthig, auf jene beiden Theile unserer Untersuchung
zurückzukommen.

I. Vocal *a* im Auslaut.

1. Bestimmter Artikel *la*. Der Artikel *la* wird fast
durchgängig elidirt. Elision in allen Fällen zeigen die Gedichte

des Ponz d. C., P. Rog. und Guir. Riq. Fälle, in denen *la* vor
vocalischem Anlaut den Hiat erträgt, finden sich folgende:
(*cf. p. 17 ff.*). Boeth. *a:o* 2,9: la onor. — Bert. d. B. *a:au* 44,41: la
autra. *a:e* 2,2: la eleeta. *a:i* 26,60: la ira. *a:o* 24,30: la ost. — M.
d. Mont. *a:o* 6,24.: la honors.
2. Substantiv *Fem.* Es verliert in den meisten Fällen sein
nachtoniges *a*; jedoch finden sich auch zahlreiche Fälle für den
Hiat: (cf. p. 18ff.). Boeth. *a:a* 8,19: sapiencia | anava [1]. *a:e* 2,7:
Roma | e; 5,35: l'arma | en; 5,23: domna | el; 7,3: domna | e. — Ponz
d. C. *a:a* 25,36: domna | a. *a:e* 23,21: franquesa e. — Bert. d. B. *a:a*
31,45: terra artera; 15,30: dompna amar. *a:e* 32,59: rauba e; 31,24:
moneda englesa; 12,83: gola els; 14,50: Frausa e; 33,2: Torena | e; 31,14:
Bretaiha | e. *a:i* 40,22: terra iros. — P. Rog. Elision überall durch-
geführt. — M. d. Mont. *a:a* 19,56: taula ab. *a:e* 19,24: siga en; 40,46:
Queroa entro; 4,44: domna et. *a:u* 4,36: dompna | ua. — Guir. Riq.
a:a 54,18: Cataluenha a; 54,27: Cataluenha atenda; 10,8: conoyssensa | a.
a:e 50,36: gracia | en; 47,59: dona | esper; 11,65: dopa estela; 55,22:
Narbona | el; 19,44: ira e; 51,4: drechura e; 45,59: drechura | e; 26,2:
drechura e; 54,15: largueza et; 49,2: messonia enantida; 18,35: arma e;
26,4: conoyssensa e; 29,24: essenha e.
3. Adjectiv *Fem.* Hier findet vorwiegend Elision statt;
in allen Fällen bei Boeth., Ponz d. C. und P. Rog. In den
übrigen Texten begegnen vereinzelte Fälle von Hiat. cf. p. 31 ff.
Bert. d. B. *a:e* 19,87: fresca e; 37,13: Coinda e goja e mesquina. — M. d.
Mont. *a:a* 19,69: gran amb. *a:o* 20,3: franca e. — Guir. Riq. *a:a* 85,16: nobla e.
4. Verb. Die unbetonte Verbal-Endung *a* (prés. ind. m.
subj., cond., part. passé) zeigt ebenfalls Elision; daneben finden
sich mannigfache sichere Fälle von Hiat. cf. 82 ff.
Ponz d. C. *a:e* part. passé. 24,6: morta es. — Bert. d. B. *a:a* prés. ind.
III. 1,3: dona ardimen. prés. subj. III. 15,89: puneca apoderar. *a:ai* cond.
8,59: feira altal. *a:e* prés. ind. III. 31,1: enoja e; 28,9: agusa els; 29,37:
lausa en: 40,24: laissa | e. part. passé 86,41: fraicha en. *a:u* prés. ind. III.
31,21: merma una. — P. Rog. *a:u* imp. 2,35: avia un. — M. d. Mont. *a:e*
prés. ind. III. 1,17: entra e; 2,2: aura | escoutar; 16,11: cuja esser;
17,5: mata en; 19,4: enoja e; 19,26: enoja e; 19,86: enoja e; 19,62:
enoja em. imp. III. 10,70: cuidava esser. — Guir. Riq. *a:a* prés. ind. III.
26,26: esta aparelhatz. imp. III. 66,22: era ab. *a:e* prés. ind. III. 39,25:
dona e; 45,20: pessa | e. prés. subj. III. 22,36: vuella esser; 65,9: fassa o.

1) Der Strich | zwischen manchen Fällen zeigt an, dass der be-
treffende Hiat sich in der Caesur befindet.

cond. 28,34: daria | et; 60,41: auria e; 55,34: poiria eajausir; 55,22: murria enans.. — part. passé 11,17: temsuda et. a:i cond. 67,9: volria ysair; 55,4: fera ysair. a:o prés. ind. IIL 7,32: sana o. prés. subj. III. 14,45: pueroa hom; 10,13: sia obediens. cond. 13,65: agra ops. a:s cond. 56,9: degra un.

5. Pronom pers. ella. Zwei Belege, in denen vor a u. o Elision eintritt. cf. p. 38. Daneben zwei Fälle von Hiat. Bert. d. B. a:o 39,4: ella o. — Guir. Riq. a:e 67,31: Elha es.

Aus vorstehenden Fällen scheint hervorzugehen, dass nachtoniges a den Hiat vorzugsweise vor anlautendem e erträgt.

II. Vocal e im Auslaut.

1. Substantiva verlieren im allgemeinen ihren auslautenden Vocal. Fälle für den Hiat finden sich vereinzelt in den Werken Bert. d. B. (2), M. d. Mont (1) und Guir. Riq. (3). cf. p. 39 ff. Bert. d. B. e:au 32,54: linhatge auvits. e:e I,26: Guillelme e. — M. d. Mont. e:o 19,18: Pebre o. — Guir. Riq. e:a 62,97: comte agensu. e:e 9,9: Nombre el.

2. Adjectiva zeigen fast in allen Fällen Elision. Nur das Boeth. Fragment weist zwei Fälle auf, in denen tonloses e vor anlautendem o bewahrt wird. cf. p. 41. Boeth. e:o 1,1: jove omne; 1,7: jove omne.

3. Verb. Im prés. subj. I u. III der ersten schwachen Conjugation und im Infinitiv der II schwachen Conjugation zeigen ausschliesslich Elision Boeth., die Gedichte des Ponz d. C, Bert. d. B. u. P. Rog. In den Werken des Mönchs von Montaudon u. Guir. Riq. finden sich jedoch Fälle von Hiat gesichert (cf. p. 41 ff.) prés. subj. III. e:ai M. d. Mont. 2,17: honre | aitan. — Guir. Riq. e:a 53,43: done a; 47,58: endresse | al. — Infinitiv e:e M. d. Mont. 15,30: segre e. — Guir. Riq. e:a 54,7: apenre assats; 66,5: Penre anava; 55,2: faire ub. e:e 54,47: Querre e. e:o 46,8: penre honramens.

4. Que Relativpronomen. Ungeachtet der zahlreichen Belege für Elision des unbetonten e bei que finden sich doch auch mannigfache Fälle von Hiat, namentlich bei Guir. Riq., gesichert (cf. p. 43 ff.). Boeth. e:a 8,4: qui amor; 3,18: qui ant; 5,5: que ac. e:e 6,11: qui es. — Ponz d. C. e:a 24,44: que anc. e:au 24,80: qui aura. — Bert. d. B. e:a 38,35: que ant; 26,4: que anc; 26,45: que ano; 19,10: qui ant. e:e 83,17: que es; 80,10: qui es. — M. d. Mont. e:a 1,9: que a; 10,75:

que a; 4,56: que a; 1,62: que amon; 2,55: que anc; 5,8: que anc. *e:e*
16,27: qui ee; 9,25: qui ea. — Guir. Riq. *e:a* 6,12: que a; 46,14: que
amara; 65,6: que anc. *e:ai* 18,47: que ai; 6,21: que ai. *e:e* 60,38: qui
ets; 60,55: qui ets. *e:i* 7,40: per que irala. *e:o* 25,11: que oc.

5. Que Interrogativpronomen. Elision in einem Falle bei
P. Rog. cf. p. 59. Bei demselben Dichter findet sich jedoch
auch ein Fall von Hiat gesichert: P. Rog. *e:a* 6,42: Que as?

5. Conjunction *que.* Neben zahlreichen Fällen, in denen
Elision eintritt, zeigen sich namentlich hei M. d. Mont. und Guir.
Riq. auch Fälle von Hiat. cf. p. 49 ff. Boeth. *e:e* 6,10: Quel el. —
Pons d. C. *Elision überall durchgeführt.* — Bert. d. B. *e:o* 35,82: que
hom. — P. Rog. *Überall* que *elidirt.* M. d. Mont. *e:a* 10,89: que anc.
e:e 5,49: que en. *e:ieu* 4,8: per que ieu. — Guir. Riq. *e:a* 13,66: per que
a; 52,20: que aja; 28,4: que ames; 44,40: que als; 62,13: que agui; 4,31:
que ab; 10,20:*que a; 21,40: que a; 15,11: Pus que a; 6,45: que als.
e:ai 67,10: Per que ai. *e:i* 8,8: que hier. *e:o* 38,61: que hom. —

Im allgemeinen kann man die Beobachtung machen, dass
nachtoniges *e* vorzugsweise vor anlautendem *a* bewahrt wird,
und dass unter den übrigen anlautenden Vocalen namentlich
Vocal *e* die Elision des auslautenden *e* begünstigt.

III. Vocal *i* im Auslaut.

1. Artikel mas. plur. nom. *li.* Elision des Artikels *li*
findet sich nur in wenigen Fällen, während die Anlehnung sehr
beliebt ist. Vereinzelte Fälle von Hiat finden sich bei Boeth.
Bert. d. B., M. d. Mont. u. Guir. Riq. cf. p. 61 ff. Boeth. *i:o* 5,25:
li omne. — Bert. d. B *i:a* 26,17: li Alaman; 82,5: li Aragones. *i:au*
23,45: li aut; 34,4: li autre. — M. d. Mont. *i:au* 20,16: li ausellet. —
Guir. Riq. Riq. 45,59: li autre.

2. Pronom. pers. conj. dat. *li.* Elision findet hier nur
scheinbar statt, vielmehr ist Aphärese des anlautenden Vocals
von *en* und *es* anzunehmen (cf. p. 62).

3. Adjectiv. Ein Fall des Hiats. Bert. d. B. 44,18: avi e.

4. Verb. In den Gedichten Bert. d. B. und Guir. Riq.
zeigen sich einige Fälle für den Hiat im prés. I, III auf tonloses *i.*
cf. p. 62 ff. Bert. d. B. *i:e* 28,43: repti e; 28,40: destrui et; 44,22:
contendi em; 44,29: ressolli e. — Guir. Riq. 18,46: chanti ab; 32,14:
aemblli *efuns.*

5. Conjunction si. In der grossen Mehrzahl von Fällen wird si vor vocalischem Anlaut elidirt. Fälle von Hiat, deren Ursprünglichkeit die Untersuchung constatirt hat, finden sich nur in den Gedichten des M. d. Mont. u. Guir. Riq, cf. p. 64 ff. M. d. Mont. i : ieu 3,10: si ieu; 14⁵,22: si ieu. — Guir. Riq. i : a 28,11: si aquest; 58,44: Si a; 59,51: Si ar. i : ai 7,17: d aissim. i : e 21,12: si espers; 31,49: si en; 62,41: si es. i : o 52,21: si hostran.

Nachtoniges i zeigt also nur bei si verwiegend Elision, selten bei dem Artikel, sonst aber ist Hiat die Regel.

Stellen wir nun alle in unsrer Untersuchung citirten Fälle von Hiat und Elision zusammen und behandeln sie in Hinsicht auf die vocalischen und consonantischen Laute, die dem auslautenden Vocal vorhergehen, so ergiebt sich folgende Übersicht:

Vocal a im Auslaut.

I. Substantiv der I. Declination. Elision des auslautenden Vocals findet statt:

1. Nach einem Vocal. i (5). 2. Nach einfacher Consonanz. n (9). — r (6). — l (3). — s (2) — j (1). — v (1). — t (2). — d (2). — qu (1). — 3. Nach Doppelconsonanz. H (2). — rr (10). — ss (3). — 4. Nach mehrfacher Consonanz. mn (7). — nh (2). — lh (3). — ps (6). — lp (1). — nt (1). — mt (1). — s (10). — gn (3). — tr (1). — br (1). - pn (9). —

Der auslautende Vocal bleibt gewahrt:

1. Nach einfacher Consonanz. n (1). — r (3). — l (2). — h (1). — j (1). — v (1). — g (1). — d (1). — b (1). — 2. Nach Doppelconsonanz. rr (2). — ss (1). — 3. Nach mehrfacher Consonanz. mn (1), — rm (1). — nh (2). — ns (1). — rc (1). — pn (2). — s (1). —

II. Adjectiv fem. Der auslautende Vocal wird elidirt:

1. Nach einfacher Consonanz. n (20). — l (2). — j (1). — s (5). — 2. Nach Doppelconsonanz. ll (4). — ss (2). — 3. Nach mehrfacher Consonanz. nc (4). — sc (2). —

Der Hiat bleibt bestehen:

1. Nach einfacher Consonanz. j (1) — 2. Nach Doppelconsonanz. ss (1). — 3. Nach mehrfacher Consonanz. nd (1). — nc (1). — sn (1). — bl (1). —

III. Verb. A. Prés. ind. I u. subj. I. u. III. Elision des auslautenden Vocals tritt ein:

1. Nach einem Vocal. i (7). — 2. Nach einfacher Consonanz. r (2). — m (1). — n (4). — h (1). — v (2). — j (7). — t (3). — b (2). — o (1). —

g(1). — 3. Nach Doppelconsonanz. ll(1). -- ss(4). — 4. Nach mehrfacher Consonanz. rl (2). — rn (4). — lh (3). — nh (3). — rt (1). — rd (2). — ns (1). — nt (1). — nd (2). — tr(2). — pr (1). — bl(1). — sc(9). — tg (2). — poh (2). — bt (1). — s (2). —

Der auslautende Vocal wird gewahrt:
1. Nach einfacher Consonanz. n (3). — j (6). — s (4). — t (1). — 2. Nach Doppelconsonanz. ll (1). — ss (2). — 3. Nach mehrfacher Consonanz. rm (1). - s (1). — st (1). - sc (2). — tr (1). —

B. Imp. ind. I u. III. Elision des auslautenden a:
1. Nach einem Vocal. i (7). — 2. Nach einfacher Consonanz. r (2). — v (1). —

Der auslautende Vocal verbleibt im Hiat:
1. Nach einem Vocal. i (1). — 2. Nach einfacher Consonanz. r (1). — v (2). —

C. Cond. I u. III. Auslautendes a wird elidirt:
1. Nach einem Vocal. i (7). — 2. Nach einfacher Consonanz. r (8). — 3. Nach mehrfacher Consonanz. gr (4). —

Hiat findet statt:
1. Nach einem Vocal. i (5). — 2. Nach einfacher Consonanz. r (2). — 3. Nach mehrfacher Consonanz. gr (2). —

D. Part. passé. Elision zeigt sich:
1. Nach einfacher Consonanz. t (1). —

Hiat findet statt:
1. Nach einfacher Consonanz. d (1). — 2. Nach mehrfacher Consonanz. rt (1). — ch (1). —

Vocal e im Auslaut.
I. Substantiv. Elision des auslautenden e zeigt sich:
1. Nach einfacher Consonanz. r (5). — m (3). — 2. Nach mehrfacher Consonanz. nh (1). — nt (4). — s (1). — tg (3). — br (1). — gn (1). —

Hiat findet sich nur:
1. Nach mehrfacher Consonanz. lm (1). — nt (1). — mb (1). — tg (1). — br (1). —

II. Adjectiv. Das auslautende e wird elidirt:
1. Nach mehrfacher Consonanz. br (3). — pr (1).

Der Hiat bleibt gewahrt:
1. Nach einfacher Consonanz. v (2). —

III. Verb. A. Infinitiv der II schwachen Conjugation. Elidirt wird das unbetonte auslautende e:

1. Nach einfacher Consonanz. r (7). — 2. Nach Doppelconsonanz. rr (1). — 3. Nach mehrfacher Consonanz. lr (1). — vr (4). — fr (1). — tr (8). — dr (3). —

Hiat zeigt sich:

1. Nach einfacher Consonanz. r (1). — 2. Nach Doppelconsonanz. rr (1). — 3. Nach mehrfacher Consonanz. nr (3). — gr (1). —

B. Prés. subj. I u. III. Elision findet sich:

1. Nach einfacher Consonanz. n (1). — d (1). — 2. Nach Doppelconsonanz. ss (1). — 3. Nach mehrfacher Consonanz. lv (1). —

Der auslautende Vocal bleibt gewahrt:

1. Nach einfacher Consonanz. n (1). — 2. Nach Doppelconsonanz. ss (1). — 3. Nach mehrfacher Consonanz. nr (1). —

Vocal *i* im Auslaut.

I. Adjectiv. Fälle von Elision finden sich nicht; dagegen ein von Hiat:

1. Nach einfacher Consonanz. v (1). —

II. Verb. (Prés. subj. u. ind. I u. III.) Fälle von Elision sind nicht vorhanden. Der Hiat muss bestehen bleiben:

1. Nach einem Vocal. u (1). — 2. Nach Doppelconsonanz. ll (1). — 3. Nach mehrfacher Consonanz. nt (1). — nd (1). — pt (1). — bl (1). —

Aus dieser Zusammenstellung ergiebt sich von selbst, dass mehrfache und Doppel-Consonanz den Hiat noch am meisten begünstigen.

Neben diesen Ergebnissen lassen sich noch die folgenden allgemeineren Resultate aus unsrer Untersuchung ziehen:

I. Eine principielle Vermeidung des Hiats lässt sich im Provenzalischen nicht constatiren. Es zeigt sich jedoch der Hiat bei auslautendem unbetonten *a, e* u. *i* im Boeth.Fragment, dem ältesten Denkmal der provenzalischen Poesie, ungleich häufiger als bei den Dichtern der Blüthezeit, von welchen namentlich P. Rogier und Ponz d. Capduoill der unzweifelhaften Härte derselben so viel wie möglich aus dem Wege gehen. Mit dem Verfall der provenzalischen Poesie, zeigt sich nicht mehr das Bestreben, den Hiat zu vermeiden. Bei Guir. Riquier und schon bei dem Mönch v. Mont. finden sich wieder Hiatfälle in grosser Anzahl vertreten.

II. Im Allgemeinen begünstigt die Caesur den Hiat; vereinzelte Ausnahmen davon finden sich in den Gedichten des
Trobadors Ponz d. Capduoill, Bert. d. Born und in den Werken
des Mönchs v. Montaudon. cf. p. 19 — Es ist aber

III. die Ansicht Stimmings, (Bert. d. B. p. 101 und Jaufre
Rudel p. 31), dass auch der Versrythmus dem Hiat irgend
welche Stütze und Berechtigung verleihe, als eine irrige zu bezeichnen, da aus zahlreichen Belegen (p. 21) hervorgeht, dass
dieser so unbestimmte Versrythmus der Elision des unbetonten
auslautenden Vocals in keiner Weise ein Hemniss darbietet.

Verzeichniss der besprochenen Worte, deren vocalischer Auslaut
elidirt werden muss, oder kann [1]):

agra Guir. Riq. 13 : § 171. — agusa Bert. d. B. 28 : § 136. — aiga M.
d. Mont 19 : § 87. — aize Bert. d. B. 8 : § 178. — aja Bert. d. B. 42 :
§ 139. — anita Bert. d. B. 17 : § 56. — anta Bert. d. B. 34 : § 57. —
apenre Guir. Riq. 54 : § 196. — aquella M. d. Mont. 9 : § 12. — ara
Bert. d. B. 4 : § 18. — arma Boeth 5 : § 75. Guir. Riq. 19 : § 112. —
arsa Bert. d. B. 36 : § 141. — auria Guir. Riq. 60 : § 161. — autra
§ 14. — autre § 31—34. — auza M. d. Mont 2 : § 148. — avia P. Rog.
2 : § 145. — Boeci Boeth 3 : § 80; ib. 2 : § 81. — bestia Bert. d. B. 38 :
§ 71. — bona Guir. Riq. 54 : § 121. — Bretanha Bert. d. B. 31 : § 66. —
cataluenha Guir. Riq. 54,18 : § 95; ib. 54,27 : § 96. — causa Boeth.
2 : § 79. — cella Bert. d. B. 18 : § 12. — chanti Guir. Riq. 18 : § 326. —
civada Bert. d. B. 42 : § 60. — claustra M. d. Mont. 12 : § 90. — coinda
Bert. d. B. 37 : § 118. — comte Guir. Riq. 62 : § 184. — conoyssensa
Guir. Riq. 10 : § 97; ib. 26 : § 113. — contendi Bert. d. B. 44 : § 323. —
contre § 87. — cortesia Guir. Riq. 4 : § 99. — cuidava M. d. Mont.
10 : § 155. — cuja M. d. Mont. 16 : § 149. — duria Guir. Riq. 28 :
§ 160. — de § 35. — degra Guir. Riq. 56 : § 178. — destrui Bert.
d. B. 28 : § 325. — dire M. d. Mont. 11 : § 196. — doble P. Rog.
7 : § 188. — donna Pons d. C. 24 : § 49; ib. 25 : § 50; Bert. d. B. 1 :
§ 69; Boeth. 5 : § 76; ib. 7 : § 77; M. d. Mont. 4 : § 94. — dompna

---

1) Hinzugefügt sind auch die einsilbigen Worte wie ni, no, qui,
(pron. subst.), deren auslautender Vocal nach den Resultaten der Arbeit
nie Elision erleiden kann.

Bert. d. B. 15 : § 53; M. d. Mont. 5 : § 91; ib. 1 : § 92; 4 : § 98. — dona
Guir. Riq. 47 : § 100; ib. 39 : § 158; Bert. d. B. I : § 129; ib. 10 : § 183. —
done Bert. d. B. 12 : § 192; Guir. Riq. 53 : § 194. — drechura Guir.
Riq. 26 : § 107; ib. 45 : § 106. 51 : § 103. — elha Bert. d. B. 39 : § 175;
Guir. Riq. 67 : § 176. — enoja Bert. d. B. 31 : § 185; M. d. Mont. 19,4 :
§ 151; ib. 19,26 : § 152; 19,36 : § 153; 19,62 : § 154. — endresse Guir.
Riq. 47 : § 195. — engema Bert. d. B. 17 : § 62. — entenda Pons d. C.
27 : § 125. — entra M. Mont. 1 : § 147. — era Guir. Riq. 66 : § 157. —
Escola M. d. Mont. 10 : § 85. — essenha Guir. Riq. 29 : § 110. — esta
Guir. Riq. 26 : § 156. — estela Guir. Riq. 11 : § 101. — faire Guir. Riq.
55 : § 201. — fassa Guir. Riq. 65 : § 164. — feira Bert. d. B. 8 : § 131. —
fera Guir. Riq. 55 : § 169. — filla Pons d. C. 26 : § 53. — fraicha Bert.
d. B. 36 : § 142. — fraire Bert. d. B. 84 : § 160. — franca Pons d. C.
8 : § 116; M. d. Mont. 20 : § 120. — franquessa Pons d. C. 28 : § 54. —
Fransa Bert. d. B. 14 : § 68. — fresca Bert. d. B. 19 : § 117. — gaja
Bert. d. B. 37 : § 118. — gloriosa Pons d. C. 26 : § 52. — gola Bert. d.
B. 12 : § 64. — gracia Guir. Riq. 50 : § 98. — grassa M. d. Mont. 19 :
§ 119. — guerra Bert. d. B. 3 : § 67. — Guilelme Bert. d. B. I : § 181. —
home Bert. d. B. 6 : § 179. — honra M. d. Mont. 2 : § 193. — ira Pons
d. C. 24 : § 51; Guir. Riq. 19 : § 104. — jove Boeth. 1,1 : § 189; ib.
1,7 : § 190. — la (art. fem.) § 41—47. — la (pron. pers.) § 2., § 3. —
laissa Bert. d. B. 40 : § 138. — la mia § 4. — lausa Bert. d. B. 28 :
§ 137. — largueza Guir. Riq. 54 : § 108. — la sua § 4. — la vostra
Guir. Riq. 45 : § 5. — li (art. plur.) § 305—312. — li (pron. pers.)
§ 313—319. — linhatge Bert. d. B. 32 : § 182. — lo (Art. § 38. — lo
(Pron.) § 39. § 40. — ma (pron. poss.) § 6. — mata M. d. Mont. 17 :
§ 150. — me (pron. pers.) § 19—25. — mera Pons d. C. 18 : § 115. —
merma Bert. d. B. 31 : § 144. — messonia Guir. Riq. 49 : § 109. —
moneda Bert. d. B. 31 : § 61. — morta Pons d. C. 24 : § 127. — murria
Guir. Riq. 55 : § 163. — Narbona Guir. Riq. 41 : § 102; ib. 52 : § 103. —
ni (Conj.) § 348. — no (Negation) § 349. — nobla Guir. Riq. 35 : § 122. —
nombre Guir. Riq. 9 : § 185. — nostra § 10. — nostre § 28. — nulha
§ 15. — paubre Bert. d. B. 10 : § 187. — pebre M. d. Mont. 19 : § 183. —
penre Guir. Riq. 46,3 : § 199; ib. 66,5 : § 200. — pessa Guir. Riq. 45 :
§ 159. — pogra Bert. d. B. 45 : § 182. — poiria Guir. Riq. 55 : § 162. —
Polha Bert. d. B. 8 : § 65. — presa Bert. d. B. 30 : § 140. — Proensa
M. d. Mont. 14ª : § 88. — puesca Pons d. C. 17 : § 124; Guir. Riq. 14 :
§ 166. — puosca Bert. d. B. 15 : § 130. — quatre § 30. — que (pron.
interr.) § 303—304. — que qui (pron. rel.) u. que (pron.) § 203—302. —
querre Guir. Riq. 54 : § 202. — qui (pron. subst.) § 350. — rauba Bert.
d. B. 32 : § 59. — repli Bert. d. B. 28 : § 322. — remolli Bert. d. B.
44 : § 324. — Roma Boeth. 2,6 : § 78; ib. 2,7 : § 74. — sa § 8. § 9. —
sana Guir. Riq. 7 : § 170. — sapiencia Boeth. 3 : § 73. — sauma M. d.

Mont. 14₁ : § 83. – savi Bert. d. B. 44 : § 320. – se (pron. pers.) § 27. –
segre M. d. Mont. 15 : § 197. – sembli Guir. Riq. 32 ı § 327. – si (conj.)
§ 328–347. – sia Guir. Riq. 10 : § 172. – sobre § 36. – sons Bert. d.
B. 24 : § 143. – tu (pron. poss.) § 7. – taula M. d. Mont. 19 § 84. –
te (pron. pers.) § 26. – temsuda Guir. Riq. 11 : § 167. – terra Bert.
d. B. 81 : § 55; ib. 40 : § 70. – Toleza M. d. Mont. 17 : § 66. – Torena
Bert. d. B. 83 : § 63. – torna Bert. d. B. 28 : § 184; M. d, Mont. 10 :
§ 146. – tota § 16., § 17. – trenta § 13. – troba Pons d. C. 24 : § 198. –
una § 1. – Useros M. d. Mont. 10 : § 89. – vailla Pons d. C. 13 : § 129. –
vergonha Guir. Riq. 45 : § 111. – volria Guir. Riq. 67 : § 168. – vostra
§ 11. – vostre § 29. – vuelha Guir. Riq. 22 : § 165. –

Verzeichniss der Gedichtstellen, welche betreffs scheinbarer
oder wirklicher Aufweisung von Hiat in vorstehender Untersuchung behandelt worden sind:

Pons d. C. 1,22 : § 304; 1,48 : § 309; 4,29 : § 213; 8,27 : § 116; 8,37 : § 303;
10,24 : § 312; 11,27 : § 214; 11,35 : § 329; 12,4 : § 211; 13,31 : § 126; 14,44 :
§ 8; 17,39 : § 124; 18,7 : § 206; 18,44 : § 115; 19,25 : § 210; 22,15 :
§ 208; 23,21 : § 54; 24,6 : § 127; 24,7 : § 51; 24,9 : § 49; 24,30 : § 207;
24,39 : § 128; 24,44 : 205; 25,29 : § 215; 25,86 : § 50; 26,61 : § 52;
26,68 : § 53; 27,16 : § 125. – Bert. d. B. 1,6 : § 225; 1,7 : 69; 2,2 :
§ 43; 2,7 : § 21; 3,29 : § 67; 4,16 : § 18; 5,2 : § 216; 6,23 : § 179; 6,24 :
§ 228; 7,12 ı § 331; 7,38 : § 332; 8,5 : § 178; 8,36 : § 314; 8,50 : § 131;
8,53 : § 65; 10,24 : § 133; 10,44 : § 187; 10,52 : § 231; 11,23 : § 82;
11,28 : § 234; 12,32 : § 192; 12,33 : § 64; 12,68 : § 235; 14,20 : § 232;
14,50 : § 68; 14,68 : § 9; 15,30 : § 58; 15,89 : § 180; 17,1 : § 237;
17,6 ı § 240; 17,11 : § 62; 19,2 : § 227; 19,10 : § 226; 19,37 : § 117;
21,55 : § 230; 28,45 : § 308; 24,27 : § 148; 24,30 : § 45; 24,31 ı § 242;
25,20 : § 238; 25,28 : § 383; 26,4 : § 222; 26,45 : § 228; 26,60 : § 44;
26,70 : § 306; 23,9 : § 136; 22,23 : § 134; 28,32 : § 241; 28,37 ı § 137;
28,40 : § 325; 28,43 : § 322; 30,3 : § 140; 60,10 : § 230; 31,1 : § 185;
31,14 : § 66; 31,21 : § 144; 31,24 : § 61; 31,45 : § 55; 32,5 : § 307;
32,16 : § 236; 32,54 : § 182; 32,59 : § 59; 32,63 : § 218; 33,2 : § 63;
33,17 : § 229; 33,23 : § 217; 34,4 : § 309; 34,25 : § 57; 34,53 : § 180;
35,32 : § 239; 36,2 : § 220; 36,19 : § 141; 36,41 : § 142; 37,13 : § 118;
38,35 : § 221; 38,64 : § 71; 39,4 : § 175; 40,22 : § 70; 40,24 : § 188;
42,13 : § 224; 42,17 : § 189; 42,26 : § 60; 44,18 : § 320; 44,22 : § 323;
44,29 : § 324; 44,41 : § 42; 45,7 : § 132; I, 3 : § 129; I, 26 : § 161; I, 35 : § 219. –
Boeth. 1,1 : § 189; 1,7 : § 190; 2,6 : § 78; 2,7 : § 74; 2,9 : § 46; 2,11 : § 79;

2,26 : § 81; 3,1 : § 72; 3,8 : § 80; 3,16 : § 245; 3,19 : § 73; 4,32 : § 248; 4,44 : § 17; 5,5 : § 246; 5,14 : § 243; 5,23 : § 76; 5,25 : § 310; 5,35 : § 75; 6,4 : § 22; 6,10 : § 249; 6,11 : § 247; 7,3 : § 77; 6,4 : § 244. — P. Rog. 235 : § 145; 2,26 : § 334; 6,42 : § 304; 7,11 : § 303; 7,28 : § 188; 8,41 : § 33; — M. d. Mont. 1,9 : § 251; 1,17 : § 147; 1,21 : § 92; 1,62 : § 255; 2,2 : § 148; 2,17 : § 293; 2,55 : § 256; 3,2 : § 258; 3,10 : § 337; 3,41 : § 261; 3,53 : § 23; 3,55 : § 267; 3,57 : § 262; 4,8 : § 268; 4,88 : § 93; 4,44 : § 94; 4,56 : § 253; 5,8 : § 257; 5,43 : § 91; 5,49 : § 266; 5,58 : § 263; 6,24 : § 47; 9,25 : § 260; 10,36 : § 89; 10,61 : § 85; 10,65 : § 146; 10,70 : § 155; 10,75 : § 252; 10,89 : § 265; 11,6 : § 196; 11,33 : § 336; 12,10 : § 90; 13,14 : § 269; 14*,41 : § 88; 14*,22 : § 338; 14*,66 : § 83; 14*, 83 : § 270; 15,13 : § 335; 15,30 : § 197; 16,11 : § 149; 16,27 : § 259; 17,4 : § 40; 17,5 : § 150; 17,21 : § 86; 18,9 : § 254; 19,4 : § 151; 19,18 : § 188; 19,24 : § 87; 19,26 : § 152; 19,36 : § 153; 19,56 : § 84; 19,62 : § 154; 19,69 : § 119; 20,3 § 120; 20,5 : § 24; 20,16 : § 311; 21,8 : § 264. — Guir. Riq. 2,13 : § 278; 4,3 : § 99; 4,7 : § 316; 4,31 : § 294; 6,12 : § 272; 6,21 : § 280; 6,45 : § 297; 7,17 : § 340; 7,82 : § 170; 7,40 : § 286; 8,8 : § 300; 8,22 : § 273; 9,9 : § 185; 10,8 : § 97; 10,13 : § 172; 10,20 : § 295; 10,36 : § 283; 11,17 : § 167; 11,60 : § 302; 11,85 : § 101; 13,65 : § 171; 13,66 : § 289; 14,45 : § 166; 15,11 : § 299; 17,19 : § 284; 18,35 : § 112; 18,42 : § 319; 18,46 : § 326; 18,47 : § 279; 19,44 : § 104; 20,49 : § 315; 21,12 : § 341; 21,40 : § 296; 22,36 : § 165; 23,4 : § 291; 25,11 : § 287; 26,2 : § 107; 26,4 : § 113; 26,26 : § 156; 26,34 : § 281; 26,63 : § 271; 28,11 : § 339; 28,34 : § 160; 29,24 : § 110; 31,48 : § 342; 32,14 : § 327; 35,16 : § 122; 38,81 : § 301; 39,25 : § 158; 41,50 : § 102; 44,40 : § 292; 45,20 : § 159; 45,88 : § 111; 45,53 : § 5; 45,58 : § 106; 45,59 : § 312; 46,3 : § 199; 46,14 : § 274; 47,58 : § 195; 47,59 : § 100; 48,7 : § 276; 49,2 : § 109; 50,36 : § 98; 50,47 : § 275; 51,4 : § 105; 51,7 : § 84; 51,47 : § 25; 52,20 : § 290; 52,21 : § 344; 52,22 : § 343; 53,43 : § 194; 54,7 : § 198; 54,15 : § 108; 54,27 : § 96; 54,46 : § 121; 54,47 : § 202; 55,2 : § 201; 55,4 : § 169; 55,22 : § 163; 55,34 : § 162; 56,9 : § 164; 58,44 : § 345; 59,51 : § 346; 60,88 : § 282; 60,41 : § 161; 60,55 : § 285; 62,13 : § 293; 62,41 : § 347; 62,97 : § 184; 65,6 : § 277; 65,9 : § 164; 66,5 : § 200; 66,22 : § 157; 66,28 : § 318; 67,9 : § 168; 67,10 : § 298; 67,23 : § 317; 67,31 : § 176.

Lebenslauf.

Ich, Johann August Pleines, wurde am 16. Nov. 1859 als der Sohn des Predigers der franz. ref. Gemeinde Johann Nicolaus Pleines zu Emden geboren. Meinen ersten Unterricht erhielt ich in der mit dem Gymnasium verbundenen »höheren Bürgerschule« meiner Vaterstadt, deren Obersecunda ich zu Ostern 1878 mit dem Zeugnis der Reife verliess. Meine beiden letzten Schuljahre verlebte ich zu Bielefeld auf der dortigen Realschule I. Ordnung, auf der ich nach Absolvirung des Abiturienten-Examens zu Ostern 1880 mit dem Maturitätszeugnis entlassen wurde. Ich widmete mich dem Studium der neueren Philologie und besuchte zu dem Zweck die Universitäten Leipzig (1 Semester) und Marburg (8 Semester). Auf letzterer Universität, auf der ich namentlich romanistischen Studien obgelegen hatte, wurde ich auf Grund einer der philosophischen Facultät vorgelegten Arbeit über »Hiat und Elision im Provenzalischen« zum examen rigorosum zugelassen und bestand dasselbe am 19. Januar 1885. Meine Lehrer waren in Leipzig die Herrn Wülcker, Ebert, Birch-Hirschfeld, Arndt; in Marburg die Herrn Stengel, Vietor, Koch, Sarrazin, Varrentrapp, Lenz, Rein, Fischer, Bergmann, Cohen.

Allen diesen Herrn, vor allem aber Herrn Professor Stengel, spreche ich für die Anregung, welche sie meinen Studien gegeben, sowie für das gütige Wohlwollen, welches sie mir stets bewiesen haben, auch an dieser Stelle meinen tiefgefühlten Dank aus.

www.ingramcontent.com/pod-product-compliance
Lightning Source LLC
Chambersburg PA
CBHW031454270326
41930CB00007B/990